반전이 있는
동아시아사

반전이 있는
동아시아사

초판 1쇄 발행	2016년 11월 17일
초판 5쇄 발행	2020년 3월 31일

지은이	권재원
펴낸이	김한청
편집	김정현
마케팅	최원준, 최지애, 설채린
디자인	김지혜

펴낸곳	도서출판 다른
출판등록	2004년 9월 2일 제2013-000194호
주소	서울시 마포구 동교로27길 3-12 N빌딩 2층
전화	02-3143-6478
팩스	02-3143-6479
블로그	blog.naver.com/darun_pub
트위터	@darunpub
페이스북	/darunpublishers
메일	khc15968@hanmail.net
ISBN	979-11-5633-126-1 (43910)

• 이 도서의 국립중앙도서관 출판시도서목록(CIP)은 서지정보유통지원시스템 홈페이지
  (http://seoji.nl.go.kr)와 국가자료공동목록시스템(http://www.nl.go.kr/kolisnet)에서
  이용하실 수 있습니다.(CIP제어번호: CIP2016026251)

한권으로 읽는

동아시아사

색안경을 벗고 보는
일본 · 중국 · 타이완
홍콩 이야기

권재원 지음

다른

색안경을 벗고 보는
이웃 나라 이야기

우리나라는 아시아, 그중에도 동아시아에 자리 잡고 있다. 동아시아를 이루는 국가로 보통 한국, 중국, 일본 3국을 꼽는데, 이 세 나라는 사람들의 외모도 비슷하고 젓가락, 한자, 유교, 불교 등 문화적으로도 공통점이 많으며 역사도 밀접하게 연관되어 있다. 따라서 한국, 중국, 일본 사람들은 서로의 역사, 지리, 사회, 문화를 이해하지 못하면, 자기 나라를 온전히 이해하기 어렵다.

더구나 이제는 동아시아가 세계의 중심으로 떠오르고 있다. 미국과 유럽을 이해하는 것 못지않게 동아시아를 이해하는 것이 자신의 경쟁력을 키우는 데 중요한 바탕이 된 것이다. 미국과 유럽에서는 이미 동아시아 문화에 얼마나 친숙하냐가 사회 계층을 나누는 기준의 하나가 되었다.

그런데 이렇게 중요한 동아시아에 대해 우리는 얼마나 알고 있을까? 물론 학교 교육 과정에 동아시아에 대해 배우는 단원이 따로 있기는 하다. 하지만 중요성에 비해 비중이 너무 작은 것이 현실이다. 게다가 여전히 동아시아를 여러 나라들 중 하나로 배울 뿐, 우리와 특별한 관계에

놓인 문화 공동체로 배우지 않는다. 어찌 보면 아직도 동아시아보다 유럽이나 미국을 더 상세하게 배운다.

간단한 테스트를 해 보자. 태평양 건너 멀리 떨어진 미국의 주 이름을 한번 적어 보자. 책이나 인터넷을 찾아보지 않고도 제법 많이 나열할 수 있을 것이다. 캘리포니아, 뉴욕, 플로리다, 텍사스, 하와이, 켄터키, 알래스카, 애리조나, 매사추세츠 등 우리나라 지명처럼 익숙한 이름들이 떠오른다. 그럼 이번에는 중국의 성 이름을 아는 대로 적어 보자. 광둥, 쓰촨……?

이번에는 유럽의 도시들을 말해 보자. 런던, 파리, 베를린, 로마, 바르셀로나, 밀라노, 뮌헨, 암스테르담 등 꽤 많이 적을 수 있을 것이다. 그렇다면 넓이로 보나 인구로 보나 유럽 전체와 맞먹는 중국의 도시들을 말해 보라면? 베이징, 상하이, 칭다오? 여기서 더 나아가 일본의 현 이름을 대 보라고 한다면?

우리가 학교에서 배우는 동아시아사는 중국에 많이 치우쳐 있다. 그것도 고대, 중세사에 지나치게 편중되어 있다. 그러다 보니 학교에서 배우는 중국은 예나 지금이나 고대 혹은 중세에 머무른다. 신해혁명 이후 근대화된 중국은 베일 속에 가려져 있어 청나라 이후 중국에서 어떤 일이 일어났는지 제대로 설명할 수 있는 중학생은 거의 없을 것이다. 일본과 중국이 이 정도 취급을 받으니 타이완이나 홍콩은 더 말할 필요도 없다.

하지만 지금의 중학생들이 어른이 되어 마주칠 세계의 우선순위는 교과서와는 전혀 다를 것이다. 지금도 우리는 미국이나 유럽보다 동아시아 여러 나라들과 훨씬 더 자주 마주친다. 특히 학교에서 가르쳐 주지 않는 타이완, 홍콩 사람들과도 자주 만난다. 무심결에 그들을 다 같은 중국 사람이라 여기고 '중국' 사람 취급을 했다가 상대방이 크게 화를 내는 바람에 큰 화(!)를 당하는 경우도 많을 것이다. 그런데도 왜 그렇게 화를 내는지 이해할 수 없을 것이다. 왜? 배운 적이 없으니까.

그런데 재미있는 것은, 학교에서 배우는 것과 관계없이 우리 머릿속에는 동아시아에 대한 이런저런 정보들이 제법 많이 들어 있다는 사실이다. 그것들은 대체 어디서 온 걸까? 가까운 나라들이다 보니 알게 모르게 주워들은 것들, 그런 것들을 통해 넘겨짚은 정보들이다. 제대로 배우지 않고 긁어모은 정보들에 의존하다 보니 뜬소문과 사실이 구별되지 않고 편견과 혼란만 넘쳐 난다. 한쪽에서는 타이완이나 홍콩에도 이른바 '차이나 디스카운트China Discount(국내 주식시장에 상장된 중국계 기업의 주식이 평가절하되는 현상)'를 적용해 우리보다 못사는 나라 취급을 하는가 하면, 다른 쪽에서는 단지 인구가 많아서 국내총생산의 합계가 더 많을 뿐인 중국을 일본보다 선진국이라고 착각한다. 모두 학교에서 체계적으로 가르쳐 주지 않으니 생기는 일이다. 이건 마치 야한 영화를 보고 성교육을 받았다고 주장하는 것과 같다.

이 책을 쓰는 이유가 바로 여기에 있다. 청소년들이 잘 알고 있다고 생각하지만 막상 제대로 배울 기회가 많지 않은 동아시아에 대해 공부하자는 것이다. 체계적으로 알지 못하는 영역이기 때문에 교과서처럼 하나하나 상세히 공부할 필요는 없다. 그래서 이 책은 다음과 같이 구성되어 있다.

중국과 일본은 교과서에서도 꽤 다루고, 또 오며 가며 정보를 많이 얻을 수 있는 나라들이다. 따라서 이 두 나라는 하나하나 차근차근 공부하기보다 잘못 알고 있던 것들을 중심으로 풀어 나가려고 한다. 또 학교에서 배웠어도 빈자리로 남겨진 부분들, 중국은 청나라 이후의 근현대사, 일본은 고대와 중세사를 중심으로 내용을 구성했다. 타이완과 홍콩은 우리나라 공교육 과정에서 사실상 전혀 다루고 있지 않으므로 아주 기초적인 내용부터 차근차근 공부할 수 있게 했다.

한·일 학생들의 상호 호감과 혐오를 조사한 연구 결과에 따르면(고구려문화재단, 2008) 서로에 대해 아는 것이 적을수록 혐오감이 높고, 아는 것이 많을수록 호감도가 높다고 한다. 우리가 살아가야 할 지역이 분쟁과 갈등보다는 평화와 협력이 가득한 곳이 되길 바라는 마음은 누구나 같을 것이다. 그렇다면 우리가 가장 먼저 해야 할 일은 무엇일까? 바로 서로에 대해 제대로 공부하고 이해하는 것이다.

모쪼록 이 책이 청소년들의 동아시아 이해에 작은 보탬이 되었으면 한다.

가깝고도 먼 나라,

일본

일본은 우리나라에서 가장 가까운 나라다. 그래서 일본을 가리켜 흔히 '이웃 나라'라고 부른다. 서울에서 도쿄까지는 두 시간 정도, 오사카까지는 한 시간 반, 후쿠오카까지는 한 시간이면 날아간다. 후쿠오카에선 도쿄보다 서울이 더 가깝다.

하지만 지리적으로 가까울 뿐 우리나라 사람들에게 일본은 심리적으로 매우 먼 나라다. 월드컵과 같은 국제경기에서 일본이 경기를 하면 무조건 일본 아닌 나라를 응원할 정도다. 역사적으로 나쁜 인연을 많이 맺었기 때문이다. 일찍이 고구려 광개토대왕 시대, 또 신라의 통일 전쟁때 일본과 전쟁을 벌였고 고려 시대에는 비록 몽골의 강요 때문이었다고는 해도 일본에 상륙해 수만 명을 죽였다. 반대로 조선 시대에는 임진왜란으로 수많은 조선인이 일본군에게 죽었고, 끝내 일제강점기(1910~1945) 36년까지 겪었다.

이런 악연이 일본에 대해 객관적이고 정확하게 배우는 것을 방해했다. 일단 '일본=악'이라는 공식을 세워 두고 되도록 일본을 부정적으로 평가하는 선입관을 바탕으로 일본에 대한 지식과 정보를 습득하게 했다. 우리나라를 대표하는 서울대학교에 영어, 불어, 독일어, 스페인어, 중국어, 러시아어과는 있어도 일본어과는 없는 것도 이런 국민 정서를 감안해서였을 것이다. 어린이용 만화영화 역시 미국이나 유럽 만화는 지명과 인명을 그대로 사용하지만, 일본 만화는 한국식으로 지명과 인명을 바꿔서 방영한다. 심지어 1990년대까지 우리나라는 일본의 영화나 가요를 수입하는 것 자체를 금지해 왔다.

하지만 아무리 미워도 일본은 정치, 경제, 문화 모든 면에서 우리와 밀접한 관계를 맺고 있고 다른 어느 나라보다 공통점이 많다. 유전자를 따져 봐도 한국인과 일본인은 매우 가깝다. 세계에서 가장 배우기 어려운 언어라는 한국어와 일본어를 한국인과 일본인은 서로 별 어려움 없이 잘 배운다. 유럽인은 물론 중국인들도 어려워하는 조사, 어미변화, 존댓말, 의성어, 의태어 같은 것이 한국인과 일본인에게는 별문제가 되지 않기 때문이다.

도시 풍경을 비교해도 그렇다. 같은 동아시아라도 중화권의 도시는 어느 정도 외국처럼 보이지만 도쿄나 오사카 풍경은 도무지 외국 같아 보이지 않는다. 유럽이나 미국 만화와 달리 일본 만화의 인명과 지명을 한국식으로 바꿔도 어색하지 않은 것은 그만큼 우리나라의 풍경과 일본의 풍경이 비슷해서다. 그런데 바로 이게 문제의 발단이 된다. 정작 학교에서는 일본에 대해 꼼꼼하게 가르쳐 주지 않는데, 워낙 비슷한 점이 많다 보니 일본에 대해 꽤 많이 안다고 생각하면서 사실은 엄청난 오해를 하는 경우가 많아지기 때문이다.

언젠가 일본과의 축구 시합에서 골을 넣은 우리나라 선수가 일본 응원석을 향해 원숭이 흉내를 내며 조롱하는 세리머니를 한 적이 있다. 이것 역시 어설프게 아는 것을 잘 안다고 믿는 데에서 비롯된 해프닝이다. 사실 원숭이 흉내는 서양 사람이 일본 사람뿐 아니라 동아시아 사람을 조롱할 때 하는 몸짓이기 때문이다.

물론 우리는 일제강점기에 일본이 저지른 각종 만행을 잊어서는 안된다. 하지만 그 원한 때문에 실제 일본과는 전혀 다른 일본을 만들어 놓고 증오하는 것은 오히려 문제 해결을 방해하며, 심지어 누워서 침 뱉기가 될 수 있다.

일본인은 비좁은 섬나라에 살아서 편협하다?

흔히 우리나라 사람들이 일본을 폄하할 때 '섬나라', '섬나라의 편협한 근성'과 같은 말을 쓴다. 좁은 섬에 살아서 성질이 한쪽으로 치우쳐 있고 너그럽지 못하다는 뜻이다. 물론 일본이 섬나라라는 것은 틀림없는 사실이다. 또한 일본 사람이 좋게 말하면 꼼꼼하고 나쁘게 말하면 쫀쫀한 경향이 있는 것도 사실이다. 하지만 섬나라라고 해서 제주도나 울릉도 같은 섬을 생각하면 안 된다.

일본은 매우 많은 섬들로 이루어진 열도 국가다. 이 중 큰 섬 네 개를 '본토本土'라 부르는데, 이 섬들은 아주 커서 비좁다는 느낌이 거의 없다. 가장 큰 섬인 혼슈本써는 그 넓이가 남북한을 합친 것과 비슷하다. 두 번째로 큰 섬인 홋카이도北海道만 해도 넓이가 남한과 맞먹을 정도다. 본

● 홋카이도 ◐ 도호쿠 지방 ◑ 간토 지방 ● 주부 지방
● 간사이 지방 ◐ 주고쿠 지방 ◑ 시코쿠 ● 규슈 · 오키나와

1	홋카이도	28	효고 현
2	아오모리 현	29	나라 현
3	이와테 현	30	와카야마 현
4	미야기 현	31	돗토리 현
5	아키타 현	32	시마네 현
6	야마가타 현	33	오카야마 현
7	후쿠시마 현	34	히로시마 현
8	이바라키 현	35	야마구치 현
9	도치기 현	36	도쿠시마 현
10	군마 현	37	가가와 현
11	사이타마 현	38	에히메 현
12	지바 현	39	고치 현
13	도쿄 도	40	후쿠오카 현
14	가나가와 현	41	사가 현
15	니가타 현	42	나가사키 현
16	도야마 현	43	구마모토 현
17	이시카와 현	44	오이타 현
18	후쿠이 현	45	미야자키 현
19	야마나시 현	46	가고시마 현
20	나가노 현	47	오키나와 현
21	기후 현		
22	시즈오카 현		
23	아이치 현		
24	미에 현		
25	시가 현		
26	교토 부		
27	오사카 부		

일본의 행정구역

가깝고도 먼 나라, 일본

토의 최북단에서 최남단까지의 거리는 무려 2,600킬로미터에 달해 서울-부산 거리를 약 400킬로미터로 보면 6.5배 가까이 된다.

영토가 넓다고 해서 광활한 대평원이 펼쳐져 있는 것은 아니다. 국토의 70퍼센트 이상이 산으로 이루어진 산악 국가이기 때문이다. 게다가 그 산도 대부분 2,000미터가 넘는 높은 산들이다. 그래서 일본 영토는 대한민국의 네 배지만 평야만 놓고 보면 1.5배에 불과하다. 우리보다 1.5배 넓은 평야에 우리의 세 배나 되는 인구가 살아야 하니, 일본의 공식적인 인구밀도는 우리나라보다 낮다 해도 체감 인구밀도는 어마어마하다.

일본은 영토를 도쿄 도東京都, 홋카이도, 오사카 부大阪府, 교토 부京都府, 그리고 43개의 현縣으로 나눠 놓았다. 도都와 부府는 우리나라의 특별시, 광역시보다 훨씬 넓은 범위를 포괄한다. 예컨대 도쿄 도는 서울특별시보다는 수도권 전체를 가리키는 개념이다. 도쿄 도 안에서 13개 구만이 우리가 말하는 도쿄 시東京市다. 오사카 부, 교토 부도 마찬가지다. 오사카 부 안에 오사카 시, 사카이 시阪井市 같은 여러 시가 있고, 우리가 오사카라고 부르는 곳은 이 중 오사카 시다.

도와 부를 제외한 지역은 모두 현에 속한다. 현은 우리나라로 치면 '군'보다 크고 '도'보다 작은 정도의 행정구역이다. 이 중에는 오키나와 현沖繩縣처럼 인구가 얼마 안 되는 현이 있는가 하면 지바 현千葉縣, 가나가와 현神奈川縣처럼 인구가 1,000만 명이 넘는 현도 있다.

일본이
곧 침몰한다고 ?

한때 많은 사람들이 일본이 가라앉을 것이라고 생각한 적이 있었다. 이를 소재로 〈일본침몰〉(2006)이라는 영화가 나오기도 했다. 이렇듯 '열도 침몰'에 관해 많은 논란이 있지만 영 근거 없는 주장만은 아니다. 일본이 엄청난 지각변동의 용광로 위에 올라앉아 있는 건 사실이기 때문이다. 지구의 껍데기, 즉 지각은 여러 개의 판으로 이루어져 있는데, 일본은 이들 중 유라시아 판, 북아메리카 판, 필리핀 판, 태평양 판 무려 네 개의 판이 부딪치는 경계에 올라앉아 있다. 이만저만 위험한 게 아니다. 하필이면 세계 지진의 90퍼센트 이상이 발생하는 이른바 '불의 고리Ring of Fire'에서 가장 핫한 자리에 나라를 세운 것이다. 하긴 그곳이 핫한 자리여서 화산활동으로 인해 일본이 생긴 것이긴 하지만 말이다.

더 큰 문제는 도쿄다. 이 네 개의 지각판이 만나는 꼭짓점에 바로 수도 도쿄가 올라앉아 있다. 세계에서 가장 위험한 용광로 위에 나라를 세운 것으로도 모자라, 그중 가장 뜨거운 열점 위에 수도를 세웠으니 우연치고는 너무 얄궂다. 약 1,300만 명이 언제 화산이 터지고, 땅이 뒤집혀도 신기하지 않을 곳에서 살고 있는 셈이다.

그런데 막상 일본인들은 지진과 화산 폭발을 일상생활로 받아들이고 있다. 진도 6.0(원자폭탄급) 정도의 지진은 지진 축에도 들지 못할 정도로 지진 대비가 잘 되어 있다. 일본은 타이완과 더불어 세계에서 가장 철저하게 지진 대비가 되어 있는 나라다.

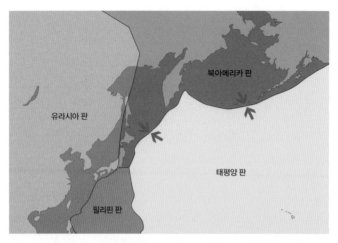

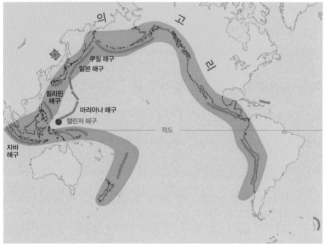

위: 네 개의 판이 부딪치는 경계
아래: 불의 고리

하지만 그런 일본도 규모 9.0(지진은 규모 1이 커질 때마다 32배씩 강해진다. 따라서 규모 9.0은 규모 5.0 정도였던 2017년 포항 지진보다 2배 강한 것이 아니라 100만 배 정도 더 강하다.)의 동일본 대지진(2011) 앞에서는 무력하게 무너졌다. 2차 세계대전 때 히로시마에 투하된 원자폭탄을 3만 번 이상 터뜨린 것과 맞먹는 위력이었다. 그나마 다행인 것은 인구 밀집 지역이 아닌 도호쿠東北 지역에서 일어났다는 점이다. 만약 도호쿠 지방이 아닌 도쿄에서 이 정도 규모의 지진이 일어났다면 어떤 참변이 있었을지 상상만으로도 무섭다.

일본인은 모두
속을 알 수 없는 깍쟁이다?

보통 일본 사람은 소심하고 원리 원칙을 잘 지키지만 융통성이 없고, 특히 돈 문제에서는 계산이 철저한 이미지다. 즉, 깔끔하고 예의 바르고 정확하지만 인정머리 없는 깍쟁이다. 이런 이미지를 이용하는 것인지는 모르겠지만 우리나라의 일본식 음식점은 대체로 중국식 음식점보다 가격 대비 음식량이 아주 적다. 그리고 손님들은 그런 것이 당연히 '일본식'이겠거니 생각한다.

그런데 정말 그럴까? 물론 지역에 따라서는 그럴 수도 있다. 하지만 모든 일본인이 그런 것은 아니다. 만약 우리나라를 방문한 외국인이 대구 출신 사람들만 만나 보고는 "한국인은 근면하지만 무뚝뚝하고 재미 없다."라고 하거나, 광주 출신 사람들만 만나 보고 "한국인은 음주가무를 좋아하고 다정다감하다."라고 한다면 이것이 올바른 판단일까?

더욱이 일본은 우리나라보다 땅 크기도 크고 자연환경도 다양하며 하나의 나라로 통일된 역사도 짧다. 따라서 지역색이 우리나라보다 강할 수밖에 없다. 깍쟁이 기질은 일본인의 특징이라기보다 도쿄 사람의 특징인 경우가 많다. 한국인도 서울 토박이들만 놓고 본다면 깍쟁이를 면하기 어렵다. 반대로 일본 역시 농어촌 사람들을 만나 보면 깍쟁이는커녕 영락없이 인심 푸근한 촌사람이다. 그러므로 각 지역별 특징에 따라 구분하는 것이 일본을 바르게 이해하는 데 도움이 될 것이다. 우리나라에도 호남 지방, 영남 지방, 관동 지방, 호서 지방과 같이 역사적·문화적인 지역 구분이 있듯이, 일본에도 비슷한 지역 구분이 있다. 물론 각 지방에 따라 언어도 다르고 풍속이나 기질, 문화도 상당히 다르다. 그중 가장 개성 있는 세 지역을 살펴보자.

간토 지방

간토關東 지방은 우리나라의 수도권에 해당한다. 일본에서 가장 많은 사람이 거주하는 지역으로, 일본 인구의 3분의 1 이상, 즉 우리나라 전체 인구만큼이 이곳에 살고 있다. 제1도시인 도쿄, 제2도시인 요코하마橫濱가 모두 여기 있으며, 가나가와 현, 이바라키 현茨城縣, 도치기 현栃木縣, 군마 현群馬縣, 사이타마 현埼玉縣, 지바 현 등 이른바 1도 6현이 속해 있다.

명실상부 일본의 중심 지역이지만 이 지방이 이토록 번화한 인구 밀집 지역이 된 역사는 의외로 길지 않다. 도쿄만 하더라도 1600년대에 도쿠가와 가문이 근거지로 삼기 전까지는 그저 어촌에 불과했다. 더욱이 도쿄가 공식적인 일본의 수도가 된 것은 1868년 메이지 유신 이후의 일이다.

간사이 지방

간토 지방이 오늘날 일본의 중심지라면 간사이關西 지방은 과거 일본의 중심지다. 그렇다고 지금은 쇠락한 도시일 거라고 생각하면 오산이다. 지금도 약 2,000만 명이라는 엄청난 인구가 거주하는 번화한 지역이다. 여기에는 오사카 부, 교토 부, 시가 현滋賀縣, 나라 현奈良縣, 미에 현三重縣, 와카야마 현和歌山縣, 효고 현兵庫縣 등 2부 5현이 포함되어 있다. 이 지방의 공식적인 명칭은 긴키近畿 지방이다. 하지만 일반적으로는 간사이 지방이라는 이름이 더 많이 사용되며 이 지역의 관문인 공항 이름도 간사이 공항이다.

교토는 1868년 메이지 유신 이전까지 거의 1,000년간 일본의 수도였다. 교토라는 이름 자체가 서울이라는 뜻이다. 교토 이전의 수도들도 나라, 오사카, 아스카明日香 등 이 지역을 벗어나지 않는다. 간토 지방이 일본의 중심지가 된 역사는 최근 150년에 불과하지만 간사이 지방이 일본의 중심지였던 기간은 1,000년이 넘는다.

따라서 이 지역에는 세계문화유산으로 지정된 유적들이 즐비하고 일본의 전통문화와 예술도 잘 계승되어 있다. 그래서인지 이 지역 사람들의 자부심은 유별나다. 심지어 도쿄를 살짝 무시하는 경향도 있다. 산업은 간토 지방이 발달했을지 몰라도 문화적으로는 간사이 지방이 일본의 중심이라는 것이다. 일본의 고위직은 주로 도쿄 대학 출신이지만 노벨상 수상자들은 교토 대학 출신이라는 사실이 이를 뒷받침한다.

같은 일본인이라도 간사이 지방 사람과 간토 지방 사람의 언어, 풍습, 기질은 상당히 다르다. 우선 간사이 사람들이 쓰는 일본어는 우리가 흔히 알고 있는 일본어와는 매우 다르다. 간사이식 일본어 흉내가 일본 코미디언들의 단골 소재일 정도다. 또 간사이 지방 사람들은 인정이 많고 감정에 솔직하며 일본인치고는 제법 무질서하기까지 하다. 우리가 흔히 생각하는 일본인보다는 차라리 한국인과 비슷한 모습을 보이기도 한다.

흔히 알고 있는, 정갈한 소량의 음식을 제공하는 음식 문화도 도쿄에 국한된 이야기다. 오사카 음식은 다소 거칠고 소박하지만 인심 좋고 양이 푸짐할 때가 많다. 심지어 도쿄 사람들조차 푸근한 인심과 투박한 맛을 느끼기 위해 오사카를 방문할 정도다.

규슈 지방

규슈九州 섬과 오키나와 섬을 통칭해 부르는 이름이다. 지금은 규슈와 혼슈가 다리로 연결되어 있지만, 20세기 중반까지만 해도 이 지역은 바다에 가로막혀 나름의 독특한 문화와 풍토를 발전시켜 왔다.

규슈 지방은 일본에서 가장 먼저 문명이 발달했다. 중국, 우리나라와 교류하기에 유리한 위치였기 때문이다. 이 지역은 일본이 다른 나라들과 활발하게 교류하는 통로이자 문화의 용광로였다. 하지만 그 말은 다른 나라의 침략에 가장 먼저 노출되는 곳이라는 뜻이기도 하다.

그래서인지 규슈 사람들은 매우 용맹하고 강인하다. 이는 대체로 온순하고 조심스러운 일본인들 사이에서 상당히 튀는 모습이다. 지기 싫어하고 투쟁적인 사람을 일컫는 '규슈 사나이 같다.'라는 말이 관용어로 쓰일 정도다. 한편 '규슈 사나이'는 지기 싫어할 뿐 아니라 사소한 일에 전전긍긍하지 않는 통이 크고 호쾌한 성격을 일컫는 말이기도 하다. 그런데 이런 용감한 규슈 사나이 기질이 우리나라 입장에서는 달갑지 않다. 고려 말, 조선 초에 우리나라와 중국을 침략해 괴롭혔던 왜구의 대부분이 바로 이 규슈 사나이들이었기 때문이다.

한편 규슈에서 남쪽으로 멀리 떨어진 오키나와는 우리나라의 제주도 정도로 생각하기 쉽지만, 실상은 전혀 다르다. 이곳은 원래 오랫동안 류큐왕국琉球王國이라 불리던 독립국가였다. 류큐왕국은 1600년대까지는 동아시아의 해상 허브Hub 국가로 번성했으나 포르투갈, 네덜란드 상인들에게 밀리면서 쇠락하다가 1879년에 일본의 침략을 받아 합병되었다. 2차 세계대전이 끝난 뒤 미국은 류큐를 우리나라, 타이완과 마찬가지로 일본에 강제 병합된 나라로 간주해 얼마간 군정으로 통치한 뒤 독립시킬 계획이었다. 하지만 우여곡절 끝에 일본의 오키나와 현으로 편입되고 말았다. 그래서 오키나와 사람들은 비록 일본 국적을 가지고 일본어를 쓰고는 있지만 문화나 기질은 타이완 원주민에 가깝다.

일본은 칼싸움이나 하고
해적질이나 하던 오랑캐였다?

오늘날 일본이 경제 대국이고 노벨상 수상자를 스무 명이나 배출할 정도로 과학과 문명이 발전한 나라라는 것은 누구나 인정하는 사실이다. 그런데 우리나라에서는 일본이 근대화 이전에는 우리보다 문화가 뒤떨어진 오랑캐에 불과했다고 생각하는 경향이 강하다. 기저귀 차림으로 칼을 휘두르며 해적질이나 하는 오랑캐, 즉 왜구들에게 삼국시대 우리 조상들이 문자와 불교, 심지어 수저 사용법까지 가르쳐 주면서 문명인으로 만들었다는 것이다.

하지만 이는 우리만의 생각이다. 한국, 중국, 일본은 저마다 자기가 오래전부터 고대 문명을 꽃피웠으며 다른 나라를 지배하고 문화를 전파했다고 주장한다. 우리는 백제가 일본을 지배했다고 믿지만, 일본인 가운데 많은 수가 일본이 가야와 신라를 직접 지배했고, 백제는 일종의 속국이었다고 믿는다. 우리는 고조선이 중국 요서 지방까지 다스렸다고 주장하지만, 중국은 이른바 동북공정을 통해 고구려, 발해도 중국 역사의 일부분이라고 주장한다.

물론 이런 주장들에는 나름의 근거가 있다. 일본은 경상남도 일대에서 발견된 일본 유물을 근거로 일본이 한반도 남쪽을 지배했다는 이른바 '임나일본부설'을 내세운다. 반면 우리는 일본에 백제 유물이 상당히 많이 남아 있고, 아좌태자阿佐太子(?~?), 무령왕 등 백제 태자가 왕이 되기 전에 일본에 오래 머물렀던 기록, 백제 여성이 일본 황후가 된 기록, 반가

사유상, 백제관음상 등 백제 양식이 유행한 것을 근거로 '백제속국설'을 믿는다.

이런 파편적인 흔적들로 확인할 수 있는 것은 오래전부터 한, 중, 일 3국 간에 교류가 활발했다는 것뿐이다. 예컨대 백제 태자가 일본에 머무르다 돌아와 백제왕이 된 것을 놓고 백제의 태자가 일본의 총독 노릇을 한 것이라고 주장할 수도 있고, 일본에 인질로 간 것으로 해석할 수도 있다. 일본에 있는 백제 유물들도 관점에 따라 백제가 일본에게 '하사했다'고 할 수도 있고, 백제가 일본에게 '조공했다'고 할 수도 있다. 여기서 확실한 것은 한국, 중국, 일본이 모두 오래전부터 상당한 수준의 문명을 꽃피우고 있었고, 활발히 교류했다는 것뿐이다.

실제로 일본은 우리나라 못지않게 역사가 길고, 찬란한 고대 문명을 꽃피웠던 나라다. 우리가 흔히 말하듯 기저귀 차고 다니던 해적이 우리 조상들 덕분에 사람 꼴 갖추고 살게 된 그런 나라가 아니다. 이미 지금부터 1만 3,000년 전 일본에는 조몬繩文 문화라는 독특한 문명이 발전하고 있었다. 조몬은 우리말로 '꼰무늬'다. 다시 말하면 한반도에서 빗살무늬 토기를 만들었던 문명과 한 갈래라는 뜻이다. 그 시기도 거의 일치한다. 일본인은 우리 조상이 토기를 만들고 문명 생활을 할 때 원숭이처럼 살던 야만족이 아니라, 비슷한 시기에 비슷한 토기를 만들며 문명을 일군 문화민족이다.

그런데 조몬인들이 그대로 오늘날의 일본인이 된 것은 아니다. 지금부터 약 2,500년 전, 한반도에서 건너온 기마민족과 바다를 통해 들어온 폴리네시안 계통의 남방계 민족이 일본으로 왔다. 이들을 '도래인渡來人'이라 부른다. 특히 한반도에서 온 도래인들과 함께 들어온 논농사가 일본 전역에 보급되면서 본격적인 문명이 시작되었는데, 이때를 야요이彌生 시대라 한다.

야요이 시대는 우리나라에 부여, 동예, 옥저와 같은 작은 부족국가들이 세워지던 시기와 대체로 일치한다. 이 시기에 일본에도 역시 작은 나라들이 세워졌다. 이 작은 나라들은 3세기 후반에 하나로 통합되었는데, 이것이 일본 최초의 통일 왕국인 야마토大和 조정이다. 우리나라가 최초의 나라 이름인 '조선'을 민족의 이름으로도 사용하듯, 일본 역시 이 야마토를 일본 민족을 가리키는 이름으로 사용한다. 대화족, 화식, 화과자 등의 말이 다 여기서 유래되었다. 야마토 정권은 지배자의 권위를 보여 주기 위해 거대한 무덤을 많이 세웠다. 그래서 이 시대를 고훈古墳 시대라 부르기도 한다.

그런데 야마토 정권 후기에 또다시 도래인들이 밀려들었다. 이들은 주로 백제와 가야인들로, 고구려의 남하 정책 때문에 한반도에서 밀려난 세력들이었다. 이들은 새로운 문화와 기술, 그리고 무엇보다도 불교를 가지고 들어왔다. 이렇게 야요이 문화의 바탕 위에 백제와 가야 문화, 불교가 유입되면서 일본은 새로운 단계로 들어서는데, 이를 아스카飛鳥 시대라 한다.

이들은 야마토 정권에 큰 위협이 되었다. 특히 이들 중 소가우지蘇我氏 집안의 힘이 막강해 왕실을 압도했다. 이를 못마땅하게 여긴 나카노오에 中大兄(626~672, 훗날 덴지 천황) 황자는 나카토미 가마타리中臣鎌足(614~669, 이 가마타리 역시 백제계라는 것은 아이러니다)와 함께 정변을 일으켜 소가우지를 멸망시켰다(645). 그는 왕실의 권위를 세우고 권력을 왕실로 집중시키는 다이카 개신大化改新이라는 개혁을 실시했다.

다이카 개신은 조용조租庸調(중국의 수·당나라 때 완성된 조세체계로 租는 토지에, 庸은 사람에게, 調는 호에 부과하는 징세 원칙) 세법, 율령 등 당나라의 제도를 도입해 일본을 체계적인 율령국가로 바꾼 것이다. 왕실의 권위를 높이기 위해 거대한 궁전도 새로 지었는데, 이 궁전을 세운 곳이 오늘날의 나라 시여서 이 시기를 나라 시대라 부른다. 이 시대에는 중앙집권국가로서 왕실의 권위와 이념적 기반이 되는 불교의 권위를 세우기 위해 거대한 사찰과 불상들을 많이 건립했다. 지금도 나라 시에는 이때 세운 1,300년 이상 된 거대한 사찰과 불상들이 남아 있다.

794년 간무 천황桓武天皇(737~806)이 수도를 나라에 인접한 헤이안平安(오늘날의 교토)으로 옮겼다. 이때부터를 헤이안 시대라 하며, 이후 약 1,000년간 교토가 일본의 수도가 되었다. 헤이안 시대는 일본 고대 문명의 황금기다. 안정된 왕권과 당나라 및 삼국 문화의 융합을 바탕으로 찬란한 불교문화가 꽃피었고, 교토를 중심으로 무수히 많은 사찰이 세워졌다. 오늘날 일본의 세계문화유산급 문화재의 대부분이 바로 헤이안 시대의 것으로, 우리나라의 통일신라시대와 시기적으로 비슷하며, 문화적 가치 또한 그에 버금간다.

지금까지 살펴본 바와 같이 일본은 우리나라보다 역사가 짧지도 않고, 야만족도 아니다. 일본은 야요이 시대부터 헤이안 시대에 이르기까지 우리나라와 비슷한 수준의 훌륭한 고대 문명을 일궈 낸 나라다. 야요이 시대에서 아스카 시대에 이르기까지는 우리나라의 삼국시대와 박자를 같이했고 나라 시대와 헤이안 시대는 우리나라의 통일신라시대와 박자를 같이하면서 나름의 독자적인 문화를 발전시켰다.

일본은
무사와 해적의 나라다?

통일신라시대까지는 문명의 흐름을 같이하던 일본이 언제부터 칼잡이 또는 잔혹한 해적(왜구)의 이미지를 갖게 되었을까? 심지어 어떤 이들은 일본인의 친절조차 사무라이들이 언제든지 목을 벨 수 있는 사회였기 때문에 생긴 풍습이라고 폄하한다. 그런데 그게 아주 터무니없다고는 할 수 없는 것이, 실제로 일본에는 센고쿠戰國 시대라 불리는 기나긴 내란의 시대와 해적들을 정부가 거의 통제하지 못하던 시절이 존재했기 때문이다. 내란이 길어지면서 무사들의 영향력이 강해졌고, 호전적인 사회 분위기가 조성된 것이다.

사무라이의 등장

무사들이 일본에서 중심 세력으로 등장한 것은 우리나라의 고려 말에 해당하는 헤이안 시대 말기의 일이다. 중앙 권력의 힘이 약해지면 무장 세력이 창궐하기 마련이다. 우리나라도 통일신라의 중앙 권력이 약해지면서 지방 세력이 독립적인 무장 집단이 되었다. 다만 우리나라는 고려 태조 왕건이 이들을 통일해 다시 강력한 중앙집권국가를 이루었지만, 일본은 이 과정이 그렇게 쉽게 진행되지 않았다.

그렇다면 헤이안 시대 말기엔 어떤 일이 있었을까? 당시 일본에는 다이카 개신의 일등 공신인 가마타리의 후손 후지와라藤原 가문이 권력의 정점에 서 있었다. 가마타리는 덴지 천황에게 형제나 다름없던 동지였기에 그 후손들 또한 위세가 대단했다. 이들은 천황이 어리면 어리다는 이유로 섭정을 하며 정권을 차지하고, 천황이 어른이 되면 총리에 해당하는 관백이라는 직위를 꿰차고 권력을 독차지했다. 이를 섭관정치라한다.

후지와라 가문에 도전할 만한 귀족은 아무도 없었다. 그런데 진짜 적은 후지와라 가문 내부에서 나타났다. 누가 섭관이 되느냐를 놓고 집안싸움이 벌어진 것이다. 심지어 후지와라 가문의 유력자들이 저마다 천황을 하나씩 앞세워 섭관을 자처하는 바람에 동시에 두 명의 천황이 존재하기까지 했다. 이들은 주로 무사들을 용병으로 고용해서 싸웠고 뛰어난 무사들에게는 5위나 6위의 관직을 주기도 했다. 그래서 원래 무사를 뜻하는 말이 아니라 관직의 명칭이던 사무라이侍가 어느새 고위직 무사를 가리키는 말로, 나아가서는 무사를 가리키는 말로 바뀐 것이다.

중앙정부가 후지와라 가문의 집안싸움으로 콩가루가 되자 지방의 호족들도 자립했다. 호족들 역시 무사들을 고용해 독자적인 무장 세력이 되었다. 이런 시대가 되자 꿈과 희망을 품은 젊은이들은 당연히 무술을 익혀서 출세하고자 했고, 이로써 직업적인 무사 계층이 성장하게 되었다.

원칙적으로는 지방 호족이 사무라이를 임명할 권한은 없었다. 하지만 이미 체계가 무너져 버린 사회에서 그런 건 의미가 없었다. 지방 호족들도 멋대로 무사들 중 사무라이를 임명했다. 다만 모든 무사를 사무라이라 부르지는 않았다. 어느 정도 지위가 있는 무사만을 사무라이라 불렀다. 전투를 할 때 사무라이와 일반 무사를 구별하려면 말을 타고 있느냐, 걸어 다니느냐를 보면 됐다.

그런데 내란이 길어지고 규모가 커질수록 내란의 주인공인 후지와라 가문보다 사무라이의 힘이 강해졌다. 그리하여 어느새 사무라이인 미나모토우지源氏와 다이라우지平氏가 자기들을 고용한 귀족들은 제쳐 놓고 세력을 다투게 되었다. 마침내 후지와라 가문은 몰락하고 사무라이인 미나모토 요리토모源賴朝가 최후의 승자로서 일본의 지배자가 되었다.

사무라이가 일본을 지배하다: 막부(바쿠후) 정치

미나모토 요리토모는 수도 헤이안이 아니라 자신의 본거지인 가마쿠라鎌倉(오늘날 요코하마 인근)에 무사들의 총사령부라 할 수 있는 바쿠후幕府를 설치하고 권력을 행사했다. 이 시기를 가마쿠라 막부 시대라 부른다. 미나모토 요리토모의 공식적인 직함은 천황도 왕도 관백도 아닌 세이이타이 쇼군征夷大將軍, 줄여서 쇼군(장군)이었지만, 실질적으로는 왕이나 다름없었다. 외국의 사신들도 일본에 방문하면 천황이 아니라 쇼군을 알현했다.

이때부터 천황은 상징적인 존재일 뿐, 강력한 사무라이가 쇼군으로서 자기 세력 근거지에 막부를 세워 통치하는 막부정치가 시작되었다. 그러나 가마쿠라 막부는 오래가지 못했다. 미나모토 요리토모의 자손들이 끊어지자 고다이고 천황後醍醐天皇(1288~1339)이 즉시 가마쿠라를 공격해 멸망시켰기 때문이다(1333). 그런데 천황은 누구를 시켜 막부를 공격했을까? 당연히 또 다른 사무라이일 수밖에 없었다. 그게 화근이었다. 가마쿠라 막부를 치기 위해 고용한 또 다른 사무라이 아시카가 다카우지足利尊氏가 교토 교외의 무로마치室町에 막부를 세우고 쇼군으로서 권력을 장악한 것이다. 이 시대를 무로마치 막부 시대라 부른다. 무로마치 막부는 가마쿠라 막부와 달리 15대 이상 세습되며 200년 넘게 일본을 통치했다.

무로마치 막부는 쇼군이 중앙을 직접 다스리고, 지역에는 슈고守護라 부르는 무장들을 파견해 각 지역의 무사들을 통제하는 식으로 일본을 통치했다. 그런데 문제는 이 슈고였다. 슈고 역시 사무라이들이었으므로 일단 지방에 근거지를 마련한 순간, 쇼군의 명령에 고분고분 복종할 생각이 없었다. 쇼군의 힘이 세면 복종하겠지만 조금이라도 빈틈이 보이면 바로 독립하려 한 것이다. 마침내 무로마치 막부의 힘이 약해질 낌새가 보이자 슈고들은 각 지역을 할거하는 호족이 되었다. 이들이 바로 다이묘大名이다.

다이묘끼리의 기나긴 싸움: 센고쿠 시대

쇼군에게 불복하고 자립해 다이묘가 된 슈고들은 사실상 자기 무덤을 판 것이었다. 힘만 있다면 언제든 자립할 수 있음을 자기 아래의 무사들에게 보여 준 셈이었기 때문이다. 그래서 슈고에게 고용된 가신家臣들도 호시탐탐 자립할 때를 노리는 막장 드라마가 펼쳐지게 되었다. 이제 누구라도 무력을 갖추면 힘으로 한 지역을 빼앗아서 다이묘를 자처하는 일이 빈번하게 일어났다.

이로써 각 지역의 다이묘들, 그리고 다이묘로부터 독립한 가신들, 그 밖의 각 지역의 토착 무장 세력들이 저마다 일본 땅 한 조각씩을 꿰차고 할거하는 센고쿠 시대가 열렸다. 이 과정에서 무로마치 막부는 사실상 해체되었다. 수많은 무장 세력이 다이묘를 자처하며 서로 힘을 겨루었는데, 약한 다이묘들이 강한 다이묘에게 패하면 가신으로 전락하거나 할복하는 식이었다. 이렇게 센고쿠 시대는 서서히 우에스기 겐신上杉謙信(1530~1578), 다케다 신겐武田信玄(1521~1573), 호조 우지야스北條氏康(1515~1571), 이마가와 요시모토今川義元(1519~1560), 오다 노부나가織田信長(1534~1582), 도쿠가와 이에야스德川家康(1543~1616), 모리 모토나리毛利元就(1497~1571) 등 몇몇 유력 다이묘들로 압축되었다. 이들은 오늘날에도 일본 역사 드라마의 단골 등장인물이다. 이들이 등장하는 드라마가 워낙 많다 보니 일본의 역사 전체를 센고쿠 시대라고 착각하는 것도 무리는 아니다. 하지만 이 센고쿠 시대는 생각보다 짧아서, 고작 200~300년 정도에 불과하다.

일본 역사 전체에서 볼 때 센고쿠 시대는 분명 짧은 기간이었지만, 이 시기에 일본이 크게 발전하는 계기가 마련된 것도 사실이다. 하지만 그 시대를 살았던 사람들의 입장에서는 지옥이 따로 없었다. 피비린내

오사카 성에 보관 중인 도쿠가와 이에야스 초상화

나는 전란의 시대는 마침내 오다 노부히데織田信秀(1510~1551)의 아들인 오다 노부나가가 다른 다이묘들을 모두 힘으로 제압함으로써 막을 내렸다. 그런데 오다 노부나가는 그 대업을 채 누리기도 전에 부하에게 살해됐고 '통일된 일본의 통치자'라는 열매는 그의 부하 도요토미 히데요시豊臣秀吉(1536~1598)가 차지하게 되었다(1590).

그런데 최후의 승자는 도쿠가와 이에야스였다. 놀랍게도 도쿠가와 이에야스는 오다 노부나가와 동시대 인물이다. 그는 자신이 오다 노부나가, 도요토미 히데요시의 맞수가 되지 못한다고 여기고 허리를 숙여 때를 기다렸다. 도요토미 히데요시가 오늘날 나고야 일대인 그의 영지를 빼앗고 변경인 에도江戸(도쿄의 옛 이름)로 내쳐도 불만을 드러내지 않았다. 오히려 그는 간토 지방을 개척하며 힘을 길렀다.

그렇게 인내하면서 힘을 키운 도쿠가와 이에야스는 도요토미 히데요시가 죽자 곧바로 야심을 드러냈다. 그는 도요토미 히데요시의 아들, 그리고 이시다 미쓰나리石田三成(1563~1600), 고니시 유키나가小西行長(1558~1600) 등 도요토미 가문의 장수들을 모두 물리치고 일본의 실권자가 되었다. 권력을 잡은 도쿠가와 이에야스는 교토 대신 자신의 본거지인 에도에 막부를 두고 쇼군이 되어 일본을 통치했다. 이때를 에도 막부 시대라 부른다.

유교로 다스리다: 에도 막부

도쿠가와 이에야스 이후, 에도 막부는 거의 300년간 일본을 통치했다. 에도 막부 시대 내내 도쿠가와 가문이 대대로 쇼군직을 계승했는데, 이 시기는 일본 역사에서 손꼽히는 태평성대였다. 그래서 일본인은 에도 시대를 무척 좋아한다.

도쿠가와 가문은 사무라이 집안이었음에도 무력이 아니라 유교 정치를 펼쳤다. 특히 5대 쇼군인 도쿠가와 쓰나요시德川綱吉(1646~1709)에 이르러서는 센고쿠 시대의 흔적이 거의 사라져, 일본은 유교를 통치의 근본으로 하는 문치국가가 되었다. 에도 시대 300년간 내전이 없는 평화로운 시절이 이어졌다. 섬나라인 덕분에 외침도 거의 없었으니 그럴 수밖에 없었다.

여기에 더해 에도 막부는 무사들이 민간인에게 함부로 칼을 쓰지 못하도록 각종 제약을 만들었다. 예를 들면, 원래 사무라이는 모욕을 받으면 반드시 결투를 해야 한다는 불문율이 있는데, 여기에 상대가 칼을 지니지 않았다면 싸울 수 없다는 제약이 따랐다. 따라서 사무라이가 평민과 결투를 하려면 칼을 주어 평민을 무장하게 한 다음 싸워야 했다. 물론 평민은 사무라이가 아무리 칼을 주더라도 안 받으면 그만이었다. 이러다 보니 평민들이 마음껏 사무라이를 조롱하거나 욕한 뒤, 사무라이가 주는 칼을 받지 않고 도망가 버리는 난감한 상황이 벌어졌다. 그래서 에도 시대의 사무라이들은 무력을 휘두르며 행패를 부리기보다는 오히려 시비를 거는 평민을 피하는 것이 일상화되었다.

사무라이의 역할도 바뀌었다. 대부분의 사무라이는 전투를 수행하는 존재가 아니라(전투가 사라졌으니까) 지역을 다스리는 관리가 되었다. 5품관이라는 원래 자리로 돌아간 것이다. 심지어 에도 시대 말기에 이르면 사무라이들 중 칼싸움 경험이 있는 자가 손에 꼽힐 정도이고 아예 칼을 다루지 못하는 사무라이도 많았다. 대신 사무라이는 각종 예절, 예술, 다도, 서도, 선불교 등에 심취했다. 그 결과 에도 시대부터 '사무라이' 라는 말은 무력을 사용하는 사람이 아니라 귀족, 교양인, 또는 당시 조선에서 사용하던 사대부와 같은 뜻이 되었다.

그러고 보니 일본은 역사적으로도 무사의 나라가 아니다. 일본 역사에서 무사들이 중심에 있던 시대는 길게 잡아야 400년에 불과하고 그나마도 1600년대에 끝났다. 1600년대 이후 일본은 예술가와 장인의 나라라고 부르는 게 타당하다. 오늘날 일본인이 예의범절을 중요하게 여기는 것은 무사들을 두려워해서 생긴 풍습이 아니라 에도 시대 이후 이어진 유교적 통치의 흔적이다. 실제로 많은 외국인들(주로 미국인들)이 영화나 만화를 통해 접한 사무라이의 나라를 기대하고 일본을 방문했다가 크게 실망하곤 한다. 일본을 예술가와 장인의 나라로 생각했다면 그렇게 실망하지는 않았을 텐데 말이다.

서양 문물을 빨리 받아들였으면 일본의 식민지가 안 되었을 것이다?

우리나라 사람들의 영·정조 시대에 대한 향수는 엄청나다. 이는 우리나라 역시 근대화의 길을 걷고 있었는데, 만약 정조가 조금 더 오래 집권했

더라면 서양 문물을 빨리 받아들여 일본의 식민지가 되는 굴욕적인 역사를 면할 수 있었을 것이라는 안타까움 때문일 것이다. 하지만 정말 그럴까? 일본이 우리보다 30년 먼저 서양 문물을 받아들였기 때문에 두 나라의 운명이 이렇게 크게 달라진 걸까?

19세기에 아시아나 아프리카에서 서양 문물을 적극적으로 수용하려고 애쓴 나라가 일본뿐이었던 것은 아니다. 서남아시아 여러 나라들, 말레이시아, 인도네시아, 이집트, 페르시아, 청나라가 모두 서양 문물을 수용하려고 노력했다. 그럼에도 아시아 거의 대부분의 나라가 서양 열강의 식민지가 되었다. 당시 서양 열강에 맞설 만큼 강대국이던 청나라마저 이리저리 불평등 조약을 맺으며 이권을 침탈당하는 신세로 전락했으니 말이다. 그런데 일본은 식민지를 면하는 정도가 아니라 서양 열강과 동등한 지위까지 올라섰다.

일본이 조선보다 30년 먼저 근대화를 시작했기 때문에 조선보다 압도적인 국력을 키웠을 수는 있다. 하지만 서양 열강의 식민지가 되지 않은 것은 물론, 서양 열강과 어깨를 겨룰 정도까지 올라선 나라는 일본이 유일하다. 이는 일본이 서양 세력에게 문을 열기 전에도 이미 상당히 발전하지 않았다면 불가능한 일이다.

실제로 에도 시대의 일본은 청나라에 버금가는 발전을 이룬 상태였다. 교통과 상공업이 크게 발달했고 시장경제도 활발한 상황이었다. 당시 에도의 인구는 이미 100만 명을 넘어섰고 오사카 인구도 40만 명이 넘었다. 에도와 오사카 사이에 큰 국도가 놓였고 곳곳에 운하가 건설되었다(비슷한 시기 우리나라는 한양 인구가 20만 명이었고 그 밖에는 인구 1만 명이 넘는 도시가 드물었다. 물론 큰길도 드물었다). 심지어 많은 일본인이 해외로 진출해 인도네시아, 마카오, 캄보디아 등지에서 상인으로 활동했다. 이렇게 상공업이 활발하게 이루어지다 보니 기술 수준도 매우 높아졌다. 당시 일본의 도자기와 각종 공예품들은 유럽에서 청나라 제품과 비슷한 가치를 인정받았다.

그럼에도 에도 막부 정권은 기독교의 유입을 우려해 서양과의 교역을 제한하고 나가사키長崎 항만을 열어 오직 네덜란드만 상대했다. 물론 서양 세력들은 계속해서 완전한 개항을 요구했지만 에도 막부는 쇄국정책을 고수했다.

그러나 미국이 페리 제독의 함대를 보내 무력시위까지 하며 개항을 요구하자 에도 막부 정권은 그만 굴복하고 말았다. 일단 문을 연 이상 다른 나라들도 막을 명분이 사라졌고, 서양 세력들이 물밀듯이 밀려들어 왔다. 본토에서 멀리 떨어진 나가사키뿐 아니라 에도의 코앞인 요코하마까지 문을 열어야 했다. 일본도 다른 아시아 나라들과 같은 운명, 즉 서양 세력의 침략에 식민지로 전락하기 직전의 상황에 놓인 것이다.

상황이 이렇게 되자 무능한 막부 정권에 대한 불만이 폭발해 마침내 하급 무사들을 중심으로 한 존왕양이운동尊王攘夷運動(막부로부터 왕의 권력을 되찾자는 운동)이 일어났다. 메이지 천황明治天皇(1852~1912)과 존왕파는 무력으로 막부군을 쳐부수고 권력이 쇼군에서 천황으로 돌아왔음을 선포했다. 이를 대정봉환大政奉還(1867년 일본 에도 막부가 천황에게 국가 통치권을 돌려준 사건)이라 한다.

메이지 천황은 수도를 교토에서 에도로 옮기고 에도의 이름을 '도

위: 메이지 천황과 그의 가족들
아래: 미국, 영국 사절단과 함께 도쿄로 여행하는 메이지 천황(1868)

쿄東京'라 바꾼 뒤 과감한 근대화 정책을 실시했다. 이것이 바로 메이지 유신明治維新이다. 이에 따라 서양식 경찰, 군대, 학교, 근대산업이 들어오고 국영기업이 세워졌다. 왕족, 다이묘, 사무라이 계층 간의 차이를 없애 귀족으로 통일하고, 그 아래 사농공상의 신분은 모두 평민으로 통일하는 등 제한적이지만 사회제도도 근대화했다.

하지만 일본 근대화의 진짜 동력은 다른 곳에 있었다. 서양 문물이 활발하게 도입되면서 근대 자유주의 사상을 받아들인 사상가가 늘어난 것이다. 이들은 국민의 완전한 참정권과 신분제의 완전한 폐지, 그리고 선출직 의원으로 구성된 국회 등 한마디로 영국식 의원내각제 정부를 요구했다. 이들의 주장은 곧 전국으로 퍼져 나가 정치운동으로 확대되었다. 이를 자유민권운동이라 불렀다.

메이지 정권은 자유민권운동이 일종의 시민혁명으로 번지는 것을 두려워했기에 등 떠밀리듯 개혁을 확대해야만 했다. 이를 주도한 인물이 바로 이토 히로부미伊藤博文(1841~1909)다. 메이지 정권은 이토 히로부미의 주도로 자유민권운동의 주장을 크게 받아들여 의회의 구성과 내각의 수립을 요체로 하는 '메이지 헌법'을 반포했다(1889). 이로써 일본은 막부가 통치하던 전근대적 봉건국가에서 근대적 의원내각제 국가로 변모하게 되었다.

근대국가로 변신하는 데 성공한 일본은 엄청난 규모의 성장을 이루었다. 1894년에 일어난 청일전쟁은 일본과 청나라의 근대화 성과를 비교할 수 있는 계기가 되었는데, 결과는 일본의 완승이었다. 이 승리 덕분에 일본은 타이완이라는 최초의 식민지를 획득했으며, 청나라가 조선에서 손을 떼게 함으로써 조선 침략의 첫발을 내디뎠다. 이후 일본은 러시아와 한반도의 지배권을 놓고 벌인 러일전쟁에서 승리함으로써 한반도를 사실상 지배하게 되었다. 또한 영국, 프랑스, 미국 등 서양 열강들로 하여금 일본을 그들과 동등한 위치로 대우하도록 만들었다.

일본의 빠른 근대화 과정의 핵심은 바로 정치, 경제, 사회, 문화 전 분야에 걸친 과감한 개혁이었다. 당시 아시아의 주요 국가들은 서양의 군사기술이나 사업은 도입해도 정치, 사회제도까지 도입하는 것에는 주저했다. 청나라만 해도 정치제도를 바꾸자는 '변법자강운동'을 주도했던 캉유웨이康有爲(1858~1927) 등이 보수파에게 밀려 쫓겨나거나 목숨을 잃었다. 하지만 일본은 자유민권파와 가까웠던 이토 히로부미가 권력을 장악해 과감한 근대화 정책을 밀어붙였다.

이런 점들을 감안하면 당시 조선이 일본과 비슷한 시기에 서양 문물을 받아들였다 하더라도 일본과 어깨를 견줄 만한 나라가 되기는 어려웠을 것으로 보인다. 청나라도 하지 못한 일을 청나라보다 낙후된 상태였던 조선이 해낼 수는 없기 때문이다.

일본은 이미 1600년대부터 네덜란드를 통해 서양 문물을 꾸준히 받아들였고 상공업 중심 사회로 바뀌어 있었다. 즉, 개항 이전에 이미 상당히 근대화되어 있었다. 하지만 조선은 개항 직전인 1800년대 후반까지도 서양 문물에 대해 거의 무지했으며 상공업은 보부상이나 오일장이 전부일 정도로 미약했다.

또 일본은 근대화 이전에 대정봉환 싸움을 통해 막부를 중심으로 하는 보수 세력을 완전히 토벌했다. 따라서 메이지 천황이나 이토 히로부미가 근대화를 과감하게 펼쳐도 이에 저항할 세력이 거의 남아 있지 않았다. 반대로 당시 조선은 보수적인 성리학 사림 세력들에 대항할 만한 세력이 거의 없었다. 세도 가문이나 그에 대항한 흥선대원군, 거기에 영조, 정조까지도 모두 성리학이라는 보수적인 사고방식에서 벗어나지 못하고 있었다.

따라서 우리는 일본의 근대화를 우리보다 조금 먼저 서양 세력과 만난 행운으로 돌려서는 안 된다. 이미 그 차이는 300년 전부터 벌어지고 있었음을 인정해야 한다. 우리는 운이 없어서 일본에게 굴욕을 당한 게 아니라 오래전부터 점점 벌어지던 실력 차이 때문에 굴욕을 당한 것이다.

물론 이웃 나라보다 먼저 근대화에 성공한 성과를 활용해 함께 평화롭게 번영하는 대신 이웃 나라를 침략하고 정복하는 일에만 몰두한 일본의 행태는 비판받아야 마땅하다. 그리고 일본은 그러한 행태 때문에 결국 응징을 당했다. 근대화에 성공해 서양 열강과 어깨를 나란히 할 정도로 성장했지만, 결국 서양 열강과 전쟁을 벌이다가 패망한 것이다.

오늘날 우리는 미국, 러시아(소련), 중국, 일본을 세계 4대 강국이라 부른다. 그런데 일본의 호전적인 정책은 이 4대 강국 중 셋을 상대로(거기에 영국까지) 무모한 전쟁을 일으키게 했고, 당연한 결과로 세계 역사상 처음이자 마지막으로 핵무기 공격을 받고 말았다.

일본을 두려워하는 기성세대,
일본을 우습게 보는 청소년?

요즘 청소년과 기성세대가 바라보는 일본은 매우 다르다. 청소년들은 일본이 우리보다 부유하긴 하지만 그 차이가 그렇게 크지 않다고 느낀다. 반면 기성세대는 일본을 우리와 비교할 수 없을 정도로 강하고 부유한 나라라고 생각한다.

　최근의 현실은 청소년들이 느끼는 것에 가깝다. 일본의 1인당 국민소득은 2017년을 기준으로 3만 8,000달러 정도로 우리나라의 2만 9,000달러보다 30퍼센트 정도 많지만, 비싼 물가를 감안하면 사실상 거의 같아졌다고 볼 수 있다. 20여 년 전에는 그 격차가 30퍼센트는커녕 200퍼센트도 넘었다. 우리나라가 겨우 1만 달러 문턱을 넘어섰을 때 일본은 이미 3만 달러를 넘긴 상태였다. 1980년대만 하더라도 일본의 위상은 명실상부 미국 다음가는 강대국이고, 경제적으로는 미국의 자리를 넘볼 정도였다.

　그랬던 일본을 우리나라가 이렇게까지 따라잡았다. 이는 우리가 부지런히 성장했기 때문이기도 하지만, 그보다는 일본이 제자리걸음을 한 탓이 크다. 그것도 한두 해가 아니라 무려 20년 이상 제자리걸음을 했다. 1인당 국민소득은 물론 부동산 가격, 물가, 종합주가지수 등 거의 모든 지표에서 일본은 20년 전이나 지금이나 거의 달라진 것이 없다.

　2차 세계대전으로 완전히 패망했던 일본이 어떻게 한때 미국을 두려움에 떨게 하며 황화Yellow Peril(황색 인종이 서양 문명을 압도한다며 백색 인종이

공포심에 만들어 낸 말)라는 말을 다시 유행하게 했을까? 그리고 어떻게 20
년 만에 이렇게까지 몰락했을까?

아시아 경제모델의 원조, 일본

1970년 오사카에서 열린 만국박람회는 세계를 놀라게 했다. 2차 세
계대전으로 폐허가 되었던 일본이 불과 20년 만에 완전히 회복된 것은
물론 패전 이전보다도 더 번영한 것이다. 일본은 어떻게 불과 20여 년 만
에 엄청난 경제성장을 이루어 냈을까?

일본의 압축적인 경제성장은 바로 정부의 주도적인 역할 덕에 가능
했다. 서양의 경제성장을 이끈 주인공이 진취적이고 자유로운 기업가들
이었던 것과 달리 일본은 철저히 정부가 경제성장을 주도했다. 그 주역
은, 지금은 재무성과 금융청으로 분할되면서 사라진 대장성大藏省(오쿠라
쇼)이었다.

대장성은 국가 예산의 관리 및 기획, 조세정책, 금융 행정을 총괄하
는 대형 관청이다. 한자를 그대로 풀면 '거대한 돈 궤짝 관청'이 되는데,
문자 그대로 국고의 총책임을 맡았다. 게다가 국가 경제정책의 기획과 은
행, 증권회사의 관리·감독까지 모두 대장성의 업무였다. 특히 일본에서
가장 거대한 금융기관으로 예금의 70퍼센트를 차지하고 있는 우정국(우
리나라의 우체국)이 대장성의 관리·감독을 맡았다. 이는 대장성이 사실상
일본의 금융을 직접 통제할 수 있다는 뜻이다.

따라서 일본은 정부가 어떤 산업 분야에 어느 정도의 자본을 투자

할 것인지 결정하고 집행할 수 있었다. 이쯤 되면 차라리 계획경제에 가까워 보인다. 어쨌든 이를 통해 일본은 제한된 자원과 자본을 낭비하지 않고 국가가 전략적으로 선택한 몇몇 업종에 집중적으로 투입할 수 있었다. 그리고 이 업종들의 경쟁력이 세계를 압도하게 되자 이를 바탕으로 세계적인 경제대국에 올라서게 되었다.

여기에 더해 동아시아 특유의 높은 교육열과 풍부한 노동력을 활용한 노동집약적, 기술집약적인 산업을 집중적으로 육성했다. 유교 문화를 이용해 노동자들의 자발적인 헌신도 이끌어 냈다. 서양 노동자들에게 기업은 다만 노동계약을 맺은 직장에 불과하지만, 일본 노동자들에게 기업은 평생 헌신해야 할 삶의 터전이자 가족과 같은 곳이었다. 기업 역시 노동자들에게 평생 고용을 보장했다. 이렇게 기업과 노동자가 평생직장, 완전고용을 바탕으로 하나의 가족을 이루는 기업 문화, 그리고 기업의 자유보다는 정부의 권위가 경제정책과 자원의 배분을 결정하는 경제체제는 자본주의 시장경제의 전형적인 모습과는 상당히 거리가 있었다. 그렇다고 사회주의라 할 수도 없다. 그래서 서양인들은 이를 '유교적 자본주의' 또는 '아시아적 경제성장 모델'이라고 불렀다.

일본 경제성장 모델의 성과는 눈부셨다. 1980년대에는 세계의 돈이란 돈은 모두 일본에 모여드는 것처럼 보일 지경이었다. 일본은 해마다 천문학적인 무역수지 흑자를 기록했고 이렇게 벌어들인 돈으로 세계 각지, 특히 미국의 부동산을 사들였다. 일본이 보유한 달러로 미국의 땅을 모두 구입할 수 있을 것이라는 말까지 돌았다. 미국의 유서 깊은 영화사인 컬럼비아를 일본의 소니가 인수한 사건은 미국인들에게 큰 충격을 안

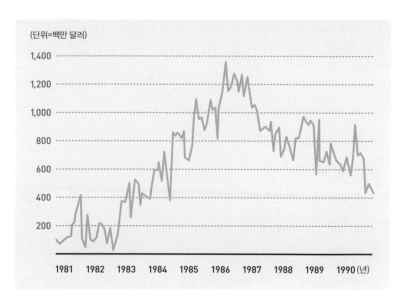

(단위=백만 달러)

1980년대 연도별 일본의 경상수지 흑자 규모 그래프

긴 상징적인 사건이었다.

유럽도 충격을 받았다. 일본이 온 세계에서 긁어모은 막대한 달러로 유럽의 자랑거리인 문화재와 미술품들을 마구 사들였기 때문이다. 렘브란트, 모네, 고흐, 고갱 같은 대가들의 미술 작품은 물론, 스트라디바리우스 같은 악기들까지 일본으로 팔려 갔다. 지금 일본의 미술관들은 놀라울 정도의 소장품들을 자랑하고 있는데, 지방 도시의 작은 미술관에도 고흐, 고갱의 그림이 걸려 있을 정도다. 미켈란젤로나 라파엘로의 작품들이 벽화가 아니었다면 이 역시 상당수 일본에 팔려 나갔을 것이다.

거품경제의 붕괴, 그리고 기나긴 침체

패망했던 일본이 불과 20여 년 만에 다시 번영할 것을 예상하지 못한 것과 마찬가지로 이토록 빨리 몰락할 것 역시 아무도 예상하지 못했다. 1990년 일본의 번영은 문자 그대로 거품이 터진 것처럼 사라졌다. 20년이 넘도록 제자리걸음만 계속한 일본은 이제 더 이상 미국에 버금가는 나라가 아니라, 그저 선진국 가운데 하나의 위상을 지키고 있을 뿐이다. 2004년에는 홍콩과 싱가포르가(소비자구매력지수 PPP 기준), 2011년에는 타이완이 1인당 국민소득에서 일본을 추월했고 우리나라도 거의 다 따라잡았는데, 2025년경이면 앞설 것으로 예상된다. 홍콩, 싱가포르, 타이완, 우리나라 모두 과거 일본의 침략을 받았던 나라들이다.

일본 경제는 왜 갑작스럽게 무너졌을까? 놀랍게도 일본의 급격한 경제성장의 원동력이 몰락의 원인이 되었다. 사실 일본이 한창 번영하던 시기에도 그 번영의 동력이 몰락의 씨앗임을 경고하는 목소리가 없지 않았다. 하지만 그 목소리는 놀라운 번영에 취한 일본 국민과 관료들의 귀에는 들리지 않았다.

우선 정부 주도의 경제정책은 단기간에 빠르고 효율적인 경제성장을 가능하게 만들었지만, 반대로 거대한 관료주의 체제를 고착시켰다. 이는 유연하고 빠른 혁신을 어렵게 했다. 이런 체제는 대량생산, 대량소비를 바탕으로 한 20세기 산업사회에는 유리했지만, 혁신이 경제성장의 동력이 된 지식경제사회에서는 발전을 가로막는 거대한 장애물이 되었다.

어마어마한 수출을 통한 흑자의 누적도 일본 경제의 발목을 잡았다. 10년이 넘도록 천문학적인 무역수지 흑자가 쌓인 만큼 국내 통화량이 엄청나게 늘어나고 이에 따라 물가도 빠르게 치솟았다. 그 결과 실물경제보다 화폐로 표시된 경제의 규모가 훨씬 커지게 되었는데, 이것이 바로 거품경제다. 거품은 특히 부동산과 주식에서 심했다. 1980년대 일본의 부동산 가격은 도쿄의 땅을 모두 팔면 미국을 통째로 살 수 있다는 말이 나올 정도로 치솟은 상태였다.

사정이 이렇다 보니 은행도, 기업도, 개인도 빚까지 내 가며 부동산과 주식에 돈을 쏟아부었다. 돈이 있으면 있는 대로, 없으면 빌려서라도 부동산과 주식, 그리고 그림이나 골동품을 사 모았다. 사 놓고 가만있어도 물가가 올라가서 저절로 돈을 벌 수 있다는 위험한 믿음이 사회에 널리 퍼졌다. 한마디로 투기가 기승을 부린 것이다. 이는 부동산이나 주식에 조금이라도 악재가 발생하면 한순간에 터져 버릴 거품을 키운 꼴이 되었다.

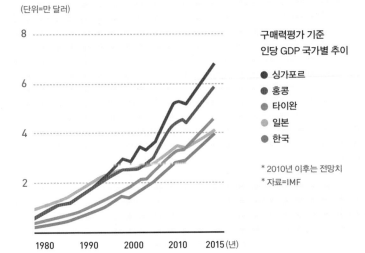

(단위=만 달러)

8

6

4

2

1980   1990   2000   2010   2015 (년)

구매력평가 기준
인당 GDP 국가별 추이

● 싱가포르
● 홍콩
● 타이완
● 일본
● 한국

* 2010년 이후는 전망치
* 자료=IMF

일본의 1인당 국민소득이 추월당하는 그래프

그런데 실제로 그런 일이 일어났다. 1990년대 들어서면서부터 부동산과 주식 가격이 떨어지기 시작했다. 그러자 여기에 과도하게 투자했던 사람들이 불안감을 느끼고 한꺼번에 부동산과 주식을 팔아서 현금화하려 했고 이는 도리어 부동산과 주식 가격의 폭락을 부추겼다. 그 결과 부동산과 주식에 이윤의 대부분을 투자했던 기업들이 도산하고, 그 기업에 돈을 대준 은행들이 문을 닫았으며, 평생 모은 저축을 투자했던 수많은 개인들도 도미노처럼 파산했다.

엎친 데 덮친 격으로 해마다 막대한 무역흑자가 계속되자 국제사회의 견제가 들어오기 시작했다. 특히 미국의 거센 압력으로 일본은 달러 대비 엔화 가치를 무려 30퍼센트 이상 절상해야 했다. 이는 미국에서 판매되는 일본 제품의 가격이 한순간에 30퍼센트 이상 비싸진다는 뜻이다. 한편 같은 기간에 달러 대비 원화 가치는 20퍼센트 정도 절하되었다. 즉 미국 시장에서 한국 제품의 가격이 일본 제품에 비해 50퍼센트 이상 저렴해진 것이다. 아무리 일본 제품이 좋다고 해도 큰 손색이 없는 한국 제품보다 두 배나 더 비싼 값을 치르고 구입할 미국 소비자는 많지 않다. 우리나라가 일본을 빠르게 따라잡은 원인이 꼭 실력 때문만은 아닌 것이다.

이렇게 부동산과 금융에서 거품이 꺼지고 수출에 타격을 받자 영원히 번영할 것 같던 일본 경제의 성장 엔진이 한순간에 식어 버렸다. 경영이 어려워진 기업들은 보유하고 있던 부동산과 주식을 시장에 내놓았다. 은행들도 돈을 빌려준 기업이 부도를 내자 담보로 잡고 있던 부동산과 주식을 시장에 내놓았다.

너도나도 부동산과 주식을 팔겠다고 시장에 내놓으니 부동산과 주식 가격이 거의 시장 붕괴 수준으로 폭락했다. 단 몇 년 사이에 부동산 가격이 2분의 1로 떨어졌고 종합주가지수(닛케이평균지수Nikkei Stock Average)는 3분의 1로 떨어졌다. 이때 떨어진 부동산 가격과 주가지수는 20년이 지난 지금도 완전히 회복되지 않고 있다.

여기에 고령화라는 결정타까지 터졌다. 일본은 세계에서 평균수명이 가상 긴 나라다. 게다가 젊은 세대의 출산율이 떨어지면서 전체 인구에서 노인이 차지하는 비율이 급속하게 올라갔다. 이는 가라앉기 시작한 일본 경제의 발목을 잡았다. 1970년대에는 일본 인구의 불과 5퍼센트만이 65세 이상의 고령이었지만, 1994년에는 14퍼센트를 넘어섰다. 그리고 베이비붐 세대가 은퇴하기 시작한 2014년에는 무려 26퍼센트를 넘어섰다. 인구 셋 중 하나가 노인인 일본은 오늘날 세계에서 가장 '늙은' 나라다.

노인들은 생산능력이 떨어지는 것은 물론, 활동성도 떨어지기 때문에 젊은 층에 비해 소비성향도 낮다. 따라서 고령화는 내수 시장의 침체를 불러올 수밖에 없다. 더구나 노인들은 이미 현직에서 은퇴했기 때문에 세금을 납부하는 계층이 아니라 정부가 걷은 세금으로부터 연금이나 각종 복지 혜택을 받는 대상이 되는 계층이다. 일본 정부는 국내총생산의 4분의 1을 노인들을 위한 연금이나 각종 복지 정책에 지출해야 하지만, 파산 위험에 처한 정부는 노인에 대한 연금 등의 복지 혜택을 줄여야 한다. 하지만 이는 장차 노인이 될 세대를 불안하게 했다. 정부의 노후 대책을 믿을 수 없게 된 젊은 세대는 노후 대비를 위해 소비를 줄이고 저축을 늘렸다. 수출도 어려워진 마당에 내수 시장까지 침체의 늪에 빠지게 된 것이다.

이런 악순환이 계속된 결과 일본은 1990년부터 무려 20년 이상 국내총생산이 제자리걸음, 아니 뒷걸음질을 쳤다. 국제통화기금IMF 자료에 따르면 물가수준을 감안한 일본의 1인당 국민소득은 2015년 현재 1990년보다 오히려 더 낮다. 일본인들은 이것을 '잃어버린 20년'이라 부른다. 문제는 2015년에 마이너스 성장을 기록한 일본 경제의 모습으로 보건대, 이 잃어버린 20년이 30년이 될지 40년이 될지 아무도 모른다는 것이다.

일본은
우리나라의 미래인가?

한국인이라면 20년 이상 제자리걸음만 하다 이제는 우리나라에 따라잡히게 생긴 일본의 처지를 보고 동정심을 느끼지는 않을 것이다. 하지만 그렇다고 마냥 고소하게 바라볼 일은 아니다. 우리에게도 남 일이 아니기 때문이다.

일본의 국가 주도 성장 과정에서 굳어진 고질적인 관료주의의 병폐, 혁신과 창의성의 부족, 부동산과 주식 시장이 실물경제보다 부풀려졌던 거품경제의 붕괴, 그리고 고령화로부터 우리나라는 자유로운가? 이미 우리나라도 경제성장률이 3퍼센트 이내로 내려앉은 저성장 시대에 들어섰다. 더구나 고령화 속도는 일본보다도 더 빠르다. 심지어 중국도 성장률이 급격히 떨어지면서 고령화 사회로 들어서고 있다. 결국 일본 한 나라의 문제가 아니라 이른바 아시아적 경제성장 모델의 한계가 나타난 게 아닐까?

더 큰 문제는 일본이 점점 우경화되고 있다는 것이다. 원래 경기 침체가 오래될수록 사람들은 파시즘이나 군국주의와 같은 극우민족주의, 국수주의에 빠져들기 쉽다. 이런 극우민족주의나 국수주의에 빠져든 군중은 다른 나라 사람들에 대해 비이성적인 적대감을 보인다. 이는 가볍게는 이민자나 관광객에 대한 공격, 심각하게는 침략 전쟁으로 비화할 수 있다. 실제로 아베 신조安倍晋三(1954~) 총리가 취임한 이후 일본 정부는 노골적인 우경화 양상을 보이고 있고 국민들의 의식도 그 영향을 받고 있다. 1995년만 해도 우리나라에 대해 친근감을 느낀다는 일본인이 66퍼센트가 넘었지만, 지금은 30퍼센트도 되지 않는다. 그만큼 일본인이 배타적이 되어 간다는 뜻이다.

일본의 우경화는 최근 자위대의 역할을 침략받을 경우의 방어로 한정하고 있는 이른바 '평화헌법'을 깨뜨리려는 시도로 나타나고 있다. 아베 신조총리와 일본 여당인 자민당은 국가안보법을 개정해 일본이 공격받지 않더라도 자위대를 나라 밖으로 출동시킬 수 있도록 했다. 언제든 전쟁을 할 수 있는 상태로 만들어 놓겠다는 것이다.

일본이 정식 군대를 거느리지 못하는 나라라고 가볍게 여겨서는 안 된다. 일본 자위대는 이름만 군대가 아닐 뿐 실제로는 세계 5위 수준의 강력한 군대다. 더구나 해군과 공군의 경우 미국, 러시아 다음가는 강력한 군사력을 가진 나라가 일본이다.

그렇다면 일본은 경기 침체를 이기지 못하고 위기를 극복하기 위해 우리나라나 이웃 나라들을 침략하는 깡패 나라가 될까? 하지만 그렇게 비관적으로 볼 일만은 아니다. 비록 20년째 제자리걸음을 하고 있지만 일본은 여전히 튼튼한 기초과학, 기초산업을 바탕으로 언제든 다시 일어설 수 있는 저력을 가진 나라다. 한때 반짝 경기를 타서 돈을 많이 번 그런 나라가 아니라, 학문적·문화적으로도 미국에 버금가는 수준을 지니고 있는 나라다.

특히 일본의 기초과학은 세계에서 둘째가라면 서러울 정도로 충실하다. 과학 분야 노벨상에서도 일본은 미국, 독일, 영국, 프랑스 다음으로 많은 수상자를 배출했다. 이렇게 튼튼한 기초과학의 토대와 특유의 장인 정신이 결합해 일본은 각종 원천 기술과 기초 소재, 부품 산업 분야에서 여전히 독보적인 지위를 차지하고 있다.

또 일본은 세계에서 가장 독서 능력이 뛰어난 고령층을 보유하고 있다. 일본의 고령층은 심지어 30대 젊은 층과 맞먹는 문해력 수준을 자랑한다. 따라서 일본에서는 고령층의 증가가 곧 노동력의 부족을 의미하지는 않는다. 필요하다면 정년 연장을 비롯해 노인 노동력을 활용할 수 있는 다양한 방법을 사용할 수 있기 때문이다.

그러니 일본이 잃어버린 20년을 극복하고 다시 중흥의 계기를 맞이할지, 아니면 잃어버린 30년의 나락으로 몰리면서 우경화의 길을 걷게될지는 아무도 장담하지 못한다. 하지만 동아시아의 평화를 위해서, 또우리에게 닥칠지도 모르는 일을 대비하기 위해서라도 우리는 일본의 상황에 늘 관심을 가져야 한다.

최근 일본의 아베 총리는 인위적인 물가상승을 통해 경제를 활성화하는 이른바 아베노믹스 정책으로 경제 살리기에 나섰다. 아베노믹스는 통화량 확대(양적 완화), 대담한 재정 지출, 개방(규제 완화. 이민 완화)이라는 세 개의 화살로 이루어져 있다. 아직까지 아베노믹스의 성공 여부에 대해서는 찬반 의견이 다양하지만 적어도 2017년까지는 수십 년간 정체되었던 일본 경제를 다시 성장 국면으로 돌려 세운 것은 분명하다.

일본은 우리와 역사적으로 악연이 많은 나라다. 일제강점기에 그들이 수없이 저지른 참혹한 악행은 절대 잊을 수 없다. 게다가 일본은 그들의 만행에 대해 독일처럼 속 시원하게 사과한 적이 없다. 이런 일본의 뻔뻔한 행보에 대해서는 당연히 비판을 해야 한다. 그럼에도 일본은 정치, 경제, 사회, 문화적으로 우리와 떼려야 뗄 수 없는 매우 밀접한 관계를 맺고 있다. 따라서 우리는 막연한 적대감이나 혐오감으로 일본을 대해서는 안 된다. 과거 일본에게 당했던 일을 다시 반복하지 않기 위해서라도 우리는 일본을 막연히 미워하거나 무시할 것이 아니라 정확한 지식과 정보를 바탕으로 제대로 이해해야 한다.

일본에서
조심해야 할 것들

● 우리말로 비방이나 욕설은 금물

우리나라 사람들은 일본과 역사적인 악연으로 인해 감정이 그리 좋지 않다. 그래서 다른 나라 사람이라면 용서가 될 일도 일본인이라서 용서가 안 되기도 한다. 하지만 그런 과거사에도 불구하고 우리나라와 일본은 가장 많이 교류하는 나라다. 그래서 일본에는 우리의 말과 문화에 대해 잘 아는 일본인들이 뜻밖에도 많다. 그러니 일본 사람들이 못 알아들을 거라 생각하고 우리말로 욕설을 하거나 헐뜯다가는 큰 낭패를 볼 수 있다. 거꾸로 생각해 보자. 일본인들이 우리나라에서 '조센징' 어쩌구 하면 우리는 금방 알아듣는다. 마찬가지로 일본인들도 우리가 '쪽빠리', '왜놈' 같은 말을 쓰면 금방 알아듣는다.

● 조용, 조심

일본의 문화는 한마디로 조용과 조심으로 압축된다. 나의 사적 공간을 벗어나면 상대방에게 방해가 되는 말이나 행동을 극도로 자제해야 하며, 이를 어기면 상당한 눈총을 받는다. 예컨대 지하철이나 버스에서 전화 통화를 하는 것조차 일본인들은 상당한 실례라고 생각한다. 집이나 자신의 사무실 안이 아니라면 가능한 한 통화가 아니라 문자를 사용한다. 우리나라에서는 윗사람에게 문자를 보내면 버릇없다고 하는 경우가 많은데, 일본에서는 먼저 문자로 통화를 요청한 뒤 허락을 받고 나서 전화를 거는 것이 예의다.

• 일본인의 의사 표현 방식에 속 터지지 말자

우리나라 역시 유교 문화의 영향으로 자신의 생각을 직설적으로 드러내지 않는 편이지만, 일본은 우리보다도 그 정도가 심하다. 그래서 일본인과 대화를 하거나 협상을 할 때면 상당히 답답함을 느낄 수 있다. 일본인들은 자기 뜻을 직접 이야기하기보다는 넌지시 암시하는 경우가 많기 때문이다. 그래서 우리나라 사람들은 "도대체 뭐라고 하는 거야?" 하며 답답해하고, 일본인은 "그만큼 눈치 줬으면 알아들어야지?" 하고 답답해한다. 그럴 때는 차라리 솔직하게 이해하기 어려우니 구체적으로 말해 달라고 부탁하는 것이 좋다.

• 우리와 다른 부조 문화

일본 역시 우리나라와 마찬가지로 친척이나 지인의 집에 초상이 나면 문상을 가며 부조금을 낸다. 그런데 남에게 폐 끼치는 것을 싫어하는 일본인들은 초상이 끝나면 부조금을 낸 사람에게 부조금에 해당하는 답례를 하는 경우가 많다. 만약 내가 부조금을 정말 도와주는 마음에서 냈다면 봉투 안에 그 뜻을 밝혀야 한다. "이 돈은 유족들이 쓰시기 바랍니다." 이런 식으로. 안 그러면 뜻밖에 고가의 답례품을 받고 미안해질 수 있다. 또 우리나라는 문상을 가면 되도록 오래 머물러 있는 것이 예의지만, 일본에서는 고인에게 향을 올리고 유족들과 인사를 했으면 유족들이 편히 있을 수 있게, 되도록 빨리 떠나 주는 것이 예의다.

아는 만큼 모르는 나라,

중국

중국은 학교에서 가장 많이 배우는 나라 중 하나다. 공부를 웬만큼 하는 고등학생 정도면 은나라, 주나라, 춘추전국시대, 한나라, 남북조시대, 당나라, 송나라, 원나라, 명나라, 청나라로 이어지는 중국 왕조의 계보 정도는 알고 있을 것이다. 우리나라 외에 이렇게 왕조 계보를 배우는 나라는 중국이 유일하다.

그럼에도 우리는 의외로 중국을 모른다. 학교에서 배우는 중국은 청나라 황실이 무너지는 시점에서 끝나기 때문이다. 중국의 눈부신 경제성장 과정도 학교에서는 배우지 않는다. 그저 대중매체를 통해 주워듣는 경우가 대부분이다. 그 결과 인터넷에서 흔하게 떠돌아다니는 '대륙 시리즈'와 같이 근거 없는 폄하 혹은 과대평가가 난무하게 된 것이다.

차이나는 중국이
아니다?

인천공항이나 김포공항에 가면 중화항공China Airlines이라는 항공사를 많이 볼 수 있다. 우리나라 대한항공Korean Airlines, 일본의 일본항공Japan Airlines처럼 아주 자연스러워 보인다. 그런데 이 항공사는 중국의 국영 항공사가 아니라 타이완의 국영 항공사다. 정작 중국의 국영 항공사는 에어차이나Air China다.

어떻게 이런 일이? '중국'이 아니라 '중화'가 함정이다. 중국집이나 중화요릿집을 같은 뜻으로 쓰는 것처럼, 우리는 '중국'과 '중화'를 별 차이 없이 사용한다. 하지만 이 두 단어의 미묘한 차이를 이해하지 못하면 우리는 중국을, 특히 오늘날 복잡한 중국의 정세를 제대로 이해할 수 없다.

중국은 '중화인민공화국'을 가리키는 말이다. 중화는 중국 인구의 대부분을 차지하는 화족華族을 일컫는 말이다. 물론 이 정도로는 이해가 안 될 것이다. 우리나라나 일본 같은 중소 규모의 나라에서는 민족과 국가의 범위가 일부 교민들을 제외하면 거의 일치한다. 그래서 우리나라와 일본에서는 구태여 민족과 나라의 이름을 구별할 이유가 없다.

하지만 중국의 경우는 다르다. 중국은 물론 타이완, 싱가포르, 홍콩, 마카오 같은 중화족의 나라와 말레이시아, 인도네시아처럼 중화족이 주요 인구 집단을 이루고 있는 나라, 그리고 세계 각지에 흩어진 화교들의 공동체(차이나타운)까지 포괄하는 개념이 바로 중화다. 이는 겨레의 이름이며 일종의 정신적인 공동체이기도 하다. 국적도 제각각이고 우리나라로 치면 이민 4세대, 5세대를 넘어감에도 이들은 황제黃帝의 후손이며, 황허黃河와 양쯔 강揚子江. 長江 사이가 고향인 '중화족'이라는 이름으로 정체성을 공유하고 있다. 한마디로 우리나라에 단군이 있다면 중국에는 황제가 있으며, 단군의 후손을 한민족이라 부른다면 황제의 후손을 중화족이라 부르는 것이다.

중국과 중화를 굳이 구별하는 이유는 중국 바깥에서 활동하고 있는 중화족의 규모가 상상 이상으로 크기 때문이다. 중국인이 아니면서 세계 곳곳에서 중화인의 정체성을 공유하고 있는 인구(화교)만 해도 우리나라 인구의 두 배인 1억 명이다. 더 엄청난 것은 경제인데, 이들이 운용하는 자본은 무려 4조 달러, 즉 일본의 국내총생산GDP 규모와 비슷하다. 따라서 중국(중화인민공화국)의 범위를 넘어 중화를 이해해야 중국도 제대로 이해할 수 있는 것이다.

만만디는
대륙의 통 큰 기질일까?

중국 사람에 대해 널리 알려진 통념 중에 가장 대표적인 것이 만만디慢慢的(천천히) 기질이다. 서두르지 않고 느릿느릿 여유 있다는 뜻이다. 이를 통이 큰 대륙 기질과 연관 짓기도 한다. 대륙의 통 큰 기질 때문에 서두르거나 조바심 내지 않는다는 것이다.

그런데 이것은 우리나라 사람들이 중국에서 가장 성격이 느긋한 편인 산둥 성山東省 사람들을 자주 접하기 때문에 생긴 착각이다. 중국은 매우 큰 나라다. 우리나라만 하거나 더 큰 성省(우리나라 도에 해당되는 행정구역)이 무려 스물한 개나 있다. 우리나라 안에서도 영남, 호남 사람들의 기

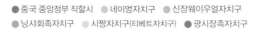

● 중국 중앙정부 직할시 ● 네이멍자치구 ● 신장웨이우얼자치구
● 닝샤회족자치구 ● 시짱자치구(티베트자치구) ● 광시장족자치구

1	베이징 시	13	허베이 성	25	후난 성
2	톈진 시	14	산둥 성	26	광둥 성
3	충칭 시	15	장쑤 성	27	칭하이 성
4	상하이 시	16	저장 성	28	쓰촨 성
5	네이멍자치구	17	산시 성	29	구이저우 성
6	신장웨이우얼자치구	18	허난 성	30	윈난 성
7	닝샤회족자치구	19	안후이 성	31	하이난 성
8	시짱자치구	20	산시 성	32	타이완 성
9	광시장족자치구	21	후베이 성	33	홍콩특별행정구
10	헤이룽장 성	22	장시 성	34	마카오특별행정구
11	지린 성	23	푸젠 성		
12	랴오닝 성	24	간쑤 성		

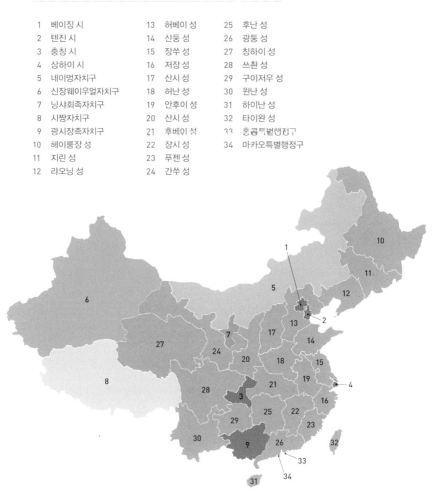

중국의 행정구역

질이 다른데 중국의 이 스물한 개 성의 기질과 문화는 얼마나 다르겠는가? 중국인들이 모두 만만디일 거라고 생각했다가는 큰 낭패를 볼 수 있다. 그렇다면 각 지역별로 어떻게 다른지 살펴보자.

화베이 지방

화베이華北 지방에는 수도인 베이징北京이 있다. 우리나라로 치면 수도권이라고 부를 수 있겠지만, 중국의 경우엔 그렇지 않다. 북쪽은 만리장성, 서쪽은 사막, 남쪽은 황허로 둘러싸인 메마르고 황폐한 지역이기 때문이다. 이곳은 현재 사막화가 진행되면서 우리나라로 미세먼지를 날리고 있는 지역이기도 하다.

이 지역은 역사적으로 중심지는커녕 북방 민족의 침략에 맞서는 변방 지역에 불과했다. 오늘날의 베이징 역시 이 변방의 군사 사령부가 있는 병영 도시였다. 그런데 공교롭게도 중국이 몽골의 지배를 받으면서 오늘날의 베이징이 '대도大都'라는 이름으로 대제국의 수도가 되었다. 중화족의 생활권만 놓고 보면 변방이지만 북방 민족의 생활권까지 포함하면 이 지역이 중심이 되기 때문이다. 이때부터 600년간 베이징은 줄곧 수도의 지위를 지켰다.

그러나 수도라고 해도 우리나라 서울과 수도권같이 중국에서 가장 번화한 지역은 아니다. 화베이 지방 사람들은 중화족과 북방 민족의 문화가 융합되어 북방 민족 특유의 씩씩하고 공격적인 특성이 있으며 자존심이 매우 강하다. 그러다 보니 서비스업 종사자에게서도 친절하고 다정한 웅대 같은 것은 기대하기 어렵다.

화둥 지방

화베이 지방의 대표적인 도시가 베이징이라면 화둥華東 지방의 대표적인 도시는 상하이上海다. 화둥 지방은 상하이 직할시를 비롯해, 산둥 성, 안후이 성安徽省, 징쑤 성江蘇省, 서상 성浙江省, 푸젠 성福建省 등 양쯔 강 하류의 드넓은 평야로 이루어진 지역이다. 이 지역은 남북조시대 이후 줄곧 중국의 경제와 문화의 중심지였고 지금도 그러한데, 말 그대로 중국의 노른자위라고 할 수 있다. 실제로 중국에서 서울과 같은 위상을 갖추고 있는 도시는 수도인 베이징이 아니라 상하이다. 실제로 우리나라의 꽤 많은 청소년들이 상하이를 중국의 수도로 잘못 알고 있을 정도다.

이렇게 조건이 다른 만큼, 상하이 사람들은 베이징 사람들과는 같은 나라 사람이 맞나 싶을 정도로 다르다. 자존심 강하고 뻣뻣하고 심지어 공격적이지만 한편 소박한 베이징 사람들과 달리 이 지역 사람들은 깍듯하고 친절하지만 매우 꼼꼼하고 신중하다. 그러니 이들에게 대륙적인 통 큰 기질은 기대하기 어렵다. 오히려 깍쟁이 기질이 강해서 중국인들 사이에서도 상하이 사람들은 이기적이고 이해타산적이라고 통한다.

돈을 좋아하고 상업적 능력이 뛰어난 화둥 지방 사람들(특히 푸젠 성)은 돈을 더 많이 벌기 위해 중국은 물론 다른 나라까지 진출해 열심히 사업을 펼쳤다. 그 범위가 동남아시아는 물론 아프리카와 유럽까지 이르렀다. 동남아시아의 경제권을 거의 장악한 화교 공동체, 세계 곳곳에 세워진 차이나타운이 바로 이들의 작품이다. 흔히 우리가 알고 있는 만만디 중국인이라면 도저히 할 수 없는 일이다.

중난 지방

베이징, 상하이가 나왔으니 이제 홍콩 차례다. 주장 강珠江 유역을 중심으로 하는 아열대 혹은 열대기후 지역을 중난中南 지방이라 부른다. 광둥 성廣東省, 광시 성廣西省(광시장족자치구), 후난 성湖南省 등이 여기 속한다. 토지가 비옥할 뿐 아니라 사실상 겨울이 없고 강수량이 많아서 쌀의 이기작(같은 땅에서 1년에 종류가 동일한 농작물을 두 번 심어 거두는 것)이 가능하다. 게다가 큰 강과 바다까지 끼고 있어 사시사철 먹거리가 넘쳐 나, 중국에서 요리 문화가 가장 발달했다.

특히 광둥인은 외국에서 자신을 중국인Chinese이 아니라 광둥인Canto-nese이라고 부를 정도로 자의식이 강하다. 이들은 새로운 도전을 두려워하지 않는 진취적이고 용감한 기질을 타고났다. 그래서 근대화, 혁명, 그리고 최근의 경제개발에 이르기까지 중국의 중요한 변화가 대부분 이 지역에서 첫 불꽃을 피워 냈다. 이 지역에는 광둥인만큼이나 자의식이 강한 하카客家인들도 거주하고 있다. 하카인이 어떤 종족인지는 홍수전洪秀全(1814~1864), 쑨원孫文(1866~1925), 덩샤오핑鄧小平(1904~1997), 리덩후이李登輝(1923~), 리콴유李光耀(1923~2015) 등의 이름만으로도 충분할 것이다. 요컨대 푸젠인이 상업 종족이라면 하카인은 혁명 종족이다.

그러니 이 지역에서 만나는 중국인의 모습은 또 다르다. 푸젠인이나 광둥인이나 모두 사업가 기질이 있지만, 푸젠인이 검소하고 꼼꼼하고 철저한 경영을 추구한다면 광둥인은 사치를 즐기며 과감한 투자를 통해 사업을 키우는 경영을 추구한다. 푸젠 성의 샤먼廈門, 그리고 푸젠인이 많이 사는 타이완은 세계의 부품 공장이라고 불릴 만큼 정밀한 제품을 많이 만들어 파는 반면, 광둥의 중심도시인 홍콩이 각종 금융·증권회사의 집결지가 된 것은 우연이 아니다.

중국에는 중국어가 없다?

이 무슨 해괴한 말인가? 하지만 실제로 중국에서는 '중국어'라는 말을 사용하지 않는다. 각 지역 방언의 차이가 너무 커서 서로 의사소통이 불가능하기 때문이다. 하지만 그 방언들이 중국어가 아니라고 할 수도 없다. 푸젠 지방 사람은 푸젠어를 사용하지만 푸젠 지방도 중국이기 때문이다. 그래서 중국에서는 중국어, 표준어, 공용어 따위의 용어를 사용하지 않는다. 우리가 중국어라고 알고 있는 언어는 중국에서 푸퉁화普通話라고 부른다.

　　중국 영화나 드라마를 볼 기회가 있을 때 유심히 살펴보라. 대부분의 경우 화면 아래에 자막이 같이 나온다. 외국어가 아닌 중국어로 말하고 있는데 중국어 자막이 나오는 것이다. 게다가 배우들의 목소리도 부자연스럽다. 재녹음한 것이다. 이는 중국이 유럽 전체만큼 큰 나라이기 때문에 빚어지는 현상이다. 중국 각 지역의 말들은 중국어라는 공통분모로 묶기 어려울 만큼 다르다. 우리나라 사투리처럼 같은 언어 안의 여러 방언이 아니라 차라리 외국어에 가깝다. 예를 들면 베이징 사람들은 홍콩이나 선전深圳 사람들의 말을 알아듣지 못한다.

푸통화

우리가 '중국어'라고 부르는 말이며, 중국어 수업 시간에 배우는 말이다. 이 말은 어떤 지역과도 무관한 일종의 인공적인 언어로, 청나라 시절 관료들이 회의와 공문서에서 사용하던 말인 관화官話를 그 기원으로 하고 있다. 요즘은 미국이나 유럽 사람들도 중국의 이 복잡한 언어 사정을 알고 있기 때문에 "중국어를 말할 수 있습니까?Do you speak Chinese?" 따위의 질문은 하지 않는다. 대신 "푸통화를 말할 수 있습니까?Do you speak Mandarin?"라고 물어본다. 이때 만다린Mandarin이라는 말은 포르투갈어로 '고위 관료'라는 뜻이다. 착각하기 쉬운데, 이 만다린은 베이징어가 아니다. 베이징어 역시 북방 방언에 불과하다. 물론 명·청조 관료들의 상당수가 베이징에 거주했겠지만 관료들이 쓰던 말과 베이징의 평민들이 쓰던 말은 전혀 다르다. 일부 중국어 학원에서 중국 표준어인 베이징어를 가르친다는 광고를 하고 심지어 베이징 사투리를 흉내 내기까지 하는데 이는 가르치는 사람이나 배우는 사람이나 중국의 언어 사정을 몰라서 헛수고를 하는 것이다.

오어

오어吳語는 상하이에서 사용하는 말이다. 양쯔 강 하류 지방에서 무려 8,000만 명이 이 언어를 사용한다. 그런데 최근 상하이 젊은이들은 학교에서 푸통화만 배우기 때문에 오어를 사용하는 조부모 세대와 의사소통에 어려움을 겪는다고 한다. 요즘 우리나라 제주도와 비슷한 상황이다. 그렇다고 상하이 젊은이들이 사용하는 말이 푸통화냐 하면 그것도 아니다. 사신들이 푸통화를 사용하고 있다고 생각하겠지만 정작 듣는 사람 귀에는 오어와 푸통화가 뒤섞인 독특한 언어로 들린다.

민어

민어閩語는 푸젠 성 전체와 광둥 성 일부, 그리고 타이완에서 사용하는 언어다. 푸젠어福建語라고도 한다. 우리나라 남한 인구보다 많은 6,000만 명이 이 말을 사용한다. 또한 세계 곳곳에 흩어져 있는 화교들, 특히 동남아시아 지역의 화교들 중 상당수가 이 언어를 사용한다.

상하이 말은 그래도 어느 정도 푸통화와 통하는데, 이 말은 푸통화와 아예 의사소통이 불가능하다. 중국어를 배울 때 가장 어렵다고 하는 성조가 민어에서는 무려 여덟 개나 된다. 그래서 얼핏 들으면 베트남어 같이 들리기도 한다. 민어가 푸통화와 얼마나 다른지 잠깐 알아보자.

	푸통화	민어
你好。(안녕하세요)	니하오	리호

我爱你。(사랑해요)	워아이니	와아이리
对不起。(미안합니다)	뚜이부치	파인세
谢谢。(고맙습니다)	셰셰	시시

광둥어

홍콩, 마카오, 광둥 성 등지에서 7,500만 명이 사용하며, 화교 등을 포함하면 1억 명 이상이 사용하는 매우 사용범위가 큰 언어다. 중국에서 경제적으로 가장 부유한 지역에서 사용되는 말이다 보니, 다른 방언에 비해 독자성이 더욱 강하다. 다른 방언들과 달리 광둥어는 광둥 성등지에서는 아예 공식어(즉, 표준어)로 사용된다. 따라서 이 지역에서는 푸퉁화가 일부러 배워야 하는 외국어 취급을 받는다. 민어도 푸퉁화와 차이가 크지만, 광둥어는 차이가 큰 정도가 아니라 아예 두 언어가 무관하다고 느껴진다. 발음, 성조뿐 아니라 어순이나 문법도 다르다. 푸퉁화와 광둥어의 차이보다 한국어와 일본어의 차이가 작게 느껴질 정도다. 예를 몇 개 들어 보자.

	푸퉁화	광둥어
你好。(안녕하세요)	니하오	네이호우
我爱你。(사랑해요)	워아이니	응오응오이네이
对不起。(미안합니다)	뚜이부치	뚜이음쥐(对唔住)
谢谢。(고맙습니다)	셰셰	또제
1, 2, 3, 4, 5, 6, 7, 8, 9, 10	이, 얼, 싼, 쓰, 우, 리우, 치, 빠, 지우, 스	얏, 이, 쌈, 세이, 음, 룩, 찻, 빳, 까우, 쌉

중국 어디서나 마주치는 쑨원,
그는 누구인가?

중국과 같이 큰 영토에 여러 종족이 사는 나라에서는 이들을 하나로 묶을 수 있는 구심점으로서의 국부國父가 필요하다. 미국의 조지 워싱턴 같은 인물이 대표적이다. 물론 워싱턴은 인간이기에 과오도 있고 업적을 과장한 면도 있다. 하지만 어느 정도의 과오는 업적에 비해 사소하기 때문에 미국인들은 이를 알면서도 속아 준다.

그렇다면 중국의 국부는 누구일까? 출신 지역, 계층, 교육 수준과 상관없이 모든 중국인, 심지어 모든 중화권에서 존경하는 큰 어른이 있다. 중국의 웬만한 도시라면 어디에나 '중산로中山路'라는 길과 '중산공원中山公園'이라는 공원이 있다. 광둥 성에는 아예 '중산 시'라는 도시도 있다. 지금은 거의 사라졌지만 20년 전만 해도 대부분의 중국인이 입었던 인민복의 정식 명칭도 다름 아닌 '중산복'이다.

정말 대단한 존경이 아닐 수 없다. 이런 엄청난 존경을 받는 중산中山은 중국 혁명의 아버지, 쑨원의 호다. 게다가 쑨원의 세례명인 일선逸仙, 쑨원의 사상인 삼민주의三民主義(민족, 민권, 민생)의 이름을 딴 길까지 보태면 중국, 타이완, 홍콩, 마카오에는 쑨원과 관련된 길이 무려 400개가 넘는다고 한다. 그런데 정작 마오쩌둥의 이름을 딴 길은 하나도 없다. 도대체 쑨원은 어떤 사람이기에 이런 엄청난 존경을 받고 있는 것일까?

쑨원은 1866년 11월 12일 광둥 성에서 태어났다. 이 무렵 중국은 청나라 시대였는데, 무능한 청나라 황실은 안으로는 부패와 사치로 썩

젊은 시절의 쑨원

어 문드러지고 밖으로는 영국을 비롯한 서구 열강에게 이권을 빼앗기면서 사실상 식민지로 전락하고 있었다. 이때 쑨원은 하와이에서 공부하면서 미국 사회를 살펴볼 기회가 있었고, 이때 청나라 황실을 무너뜨리고 민주공화정을 수립하는 '혁명'만이 중국을 구할 수 있다는 확신을 얻었다. 이후 홍콩의과대학을 졸업하고 의사로서 진료 활동과 농촌 계몽 활동에 힘쓰는 한편 흥중회興中會라는 비밀결사를 조직해 무장봉기를 통한 혁명을 도모했다. 하지만 젊은이들의 치기 어린 혁명은 시작도 하기 전에 밀고로 무산되고 만다. 쑨원은 필사적인 탈출 끝에 영국으로 가서 망명생활을 한다(이 과정은 영화 〈황비홍 2〉로 만들어지기도 했다). 영국에서 그는 마르크스, 헨리 조지와 같은 급진적인 사상가들의 사상을 흡수하고 이를 바탕으로 독창적인 혁명 사상인 '삼민주의'를 창시했다.

이후 그의 인생은 중국으로 잠입, 혁명 시도, 실패, 탈출과 망명의 반복이었다. 하지만 그는 국내에 있을 때는 혁명을 조직하고 망명지에 있을 때는 화교와 유학생들을 대상으로 혁명 사상을 전파하면서 '중국혁명동맹회'를 결성했다. 그가 시도했다 실패한 무장봉기만도 수십 차례에 이르는데, 그래도 포기하지 않고 끈질기게 봉기를 시도한 끝에 마침내 성공한 봉기가 1911년 10월 10일의 우창武昌 봉기다. 이 봉기가 시발점이 되어 연쇄적인 민중 봉기가 일어났고 마침내 혁명군이 중국의 남쪽을 차지하게 되었다. 이에 혁명군은 난징南京을 수도로, 국호를 '중화민국'으로, 쑨원을 임시대총통으로 추대하며 공화정의 수립을 선포했는데, 이것이 바로 '신해혁명辛亥革命'이다. 1911년에 일어난 이 신해혁명을 기념하기 위해 중국, 타이완, 홍콩 등 전 세계 중화권에서는 10월 10일(이른바 쌍십절)을 중요한 국가기념일로 삼고 있다.

당시 청나라 황실은 더 이상 혁명군을 진압할 능력이 없었다. 하는 수 없이 가장 강력한 군벌(역사책에 자주 등장하는 호족을 생각하면 된다)이던 베이양 군벌北洋軍閥(청나라 말기 위안스카이가 육성한 신식 군사 집단) 위안스카이 袁世凱(1859~1916)에게 중화민국 토벌을 명했다. 그러나 위안스카이는 이미 청나라가 끝났다는 것을 알고 있었다. 그는 중화민국 쪽으로 기울었는데, 쑨원이 중화민국을 도와 청나라 황실을 타도한다면 대총통의 지위를 양보하겠다고 하자 혁명군의 선봉에 선다. 위안스카이는 청나라 황제를 "푸이溥儀 선생"이라고 부르며 퇴위를 종용했고 마침내 세계에서 가장 강성했던 청제국은 무너지고 만다. 그리고 중화민국이 정식으로 수립되었다.

하지만 위안스카이는 민주주의 따위는 모르는 인물이었다. 그는 독재 정권을 수립해 반대파를 무력으로 억압하고 황제가 되려는 야심을 감추지 않았다. 이에 맞서 쑨원은 국민당을 창당하고 의회를 통해 이를 견제하려고 했으나, 위안스카이는 의회 다수당의 당수를 암살하는 등 의회 역시 억압했다. 결국 쑨원은 다시 무장봉기를 통해 위안스카이를 타도하려 했지만 싸움에서 패하고 일본으로 망명하는 신세가 되었다. 하지만 젊은 시절 그랬던 것처럼 쑨원은 망명지에서도 절대 쉬지 않았다. 그는 중화혁명당을 결성하고 당원들을 중국으로 잠입시켜 무장 조직인 토원군討袁軍(위안스카이 토벌군)을 재조직했다. 결국 다시 봉기를 일으켰는데(제3혁명), 때마침 위안스카이가 갑작스럽게 사망했다. 그러나 혁명의 길은 쉽지 않았다. 위안스카이의 베이양 군벌을 계승한 돤치루이段祺瑞

우창에 있는 쑨원의 동상

(우창 봉기 당시 호북 군정부가 수립되었던 자리로, 동상 뒤에 보이는 건물은 현재 신해혁명 기념박물관이다.)

(1865~1936)가 쿠데타로 권력을 장악한 것이다. 쑨원과 중화혁명당은 이 싸움에서 패배해 광둥 지역으로 피신해야 했다.

쑨원은 왜 이렇게 무장봉기가 실패를 반복하는지 고민했다. 답은 간단했다. 각성한 민중의 대대적인 지지를 얻지 못한 소수 선각자들만의 봉기는 반드시 실패한다는 것이었다. 이에 그는 이름부터 과격한 중화혁명당을 대중적인 중국국민당中國國民黨으로 바꿨다. 또한 혁명가들의 비밀결사체에서 평당원이 자유롭게 가입할 수 있는 개방적인 정당으로 조직 자체를 완전히 개편했다. 이렇게 광둥에 자리 잡은 중국국민당은 대중운동, 교육 등을 기반으로 민중 속으로 파고들면서 힘을 키워 갔다.

쑨원을 이런 깨달음으로 이끈 역사적 사건은 바로 우리나라의 3·1운동이었다. 3·1운동 직후 우리나라의 민족 지도자들은 상하이로 대거 망명했고, 이들의 영향으로 중국판 3·1운동이라 할 수 있는 5·4운동이 대대적으로 일어났다. 당시 쑨원은 상하이에 머무르고 있었는데, 5·4운동의 거대한 물결이 군벌 정부의 양보를 받아 내는 과정을 보고 대중운동의 필요성을 자각한 것이다. 그가 당시 상하이로 망명한 우리나라 임시정부 지도자들과 교류한 것과 대중정당인 중국국민당을 창설한 것이 우연의 일치는 아닐 것이다.

이 무렵 쑨원의 가장 큰 업적 중 하나인 국공합작國共合作(중국국민당과 중국공산당이 이룩한 2회에 걸친 협력 관계)이 이루어졌다. 당시 중국은 량치차오梁啓超(1873~1929)를 중심으로 하는 자유주의 진영과 천두슈陳獨秀(1879~1942)를 중심으로 하는 공산주의 진영의 대립이 심각했다. 하지만 쑨원은 중국이 외세의 침략으로부터 살아남고 민주공화정을 수립하는 것이 좌우 이념보다 우선되어야 하며, 좌우 이념은 우선 중화민주공화국을 온전히 세운 다음에 결정할 일이라고 보았다. 그 결과 공산당원들이 대거 국민당에 입당하게 되었다. 비록 량치차오는 공산주의자의 입당에 반발해 국민당을 떠났고, 공산당에서도 천두슈는 국민당 입당을 거부했지만 그밖에 대부분의 지도자는 이를 반겼다. 이렇게 국민당과 공산당은 하나로 통합되었고, 이는 노동자들에 대한 국민당의 영향력을 크게 확장시켰다.

민중의 지지 기반을 확보한 다음 차례는 무장력을 갖추는 것이었다. 걸핏하면 배신하는 군벌에게 질린 쑨원은 확고한 혁명 사상으로 무장한 잘 훈련된 정규군을 꿈꿨다. 이를 위해 국민혁명군을 창설했고 황푸군관학교黃埔軍官學校를 세웠다. 일본육군사관학교 출신의 장제스蔣介石(1887~1975)가 이 학교의 교장이 되어 체계적으로 혁명군을 양성했다. 이렇게 민중의 지지를 확보하고 잘 훈련된 군대까지 갖추게 된 쑨원의 혁명 세력에게 남은 것은 북쪽으로 진격해 베이징의 군벌 정부를 타도하고 혁명을 완성하는 것뿐이었다.

한편 베이징의 베이양 군벌은 내부의 파벌 간 갈등이 폭발해 내전이 일어나기 일보 직전이었다. 이 파벌들은 내전을 원하지 않았지만 서로 믿지도 못했다. 따라서 모두가 신뢰할 만한 중재자 없이는 화해할 수 없는 상황이었다. 어쩔 수 없이 이들은 쑨원을 베이징으로 초청해 중재를 부탁했다. 쑨원은 북벌전쟁 대신 군벌들을 설득해 중국의 혁명과 통일을 완수할 수 있을 거라는 기대를 품고 베이징으로 향했다. 군벌에게 쫓겨 베이징을 떠났던 쑨원이 베이징에 무혈입성하게 된 것이다.

쑨원이 베이징에 도착한 순간 군벌들은 물론 쑨원 자신도 예상하지 못한 일이 일어났다. 수십만의 환영 인파가 몰려나온 것이다. 군벌은 이를 저지할 수 없었다. 오랜 분열과 전란이 끝나고 마침내 중국이 중화민국으로 거듭나는 기나긴 혁명의 종지부가 찍히는 것처럼 보였다. 그러나 여기서 돌발 사건이 일어났다. 혁명의 완성을 눈앞에 두고 쑨원이 숨을 거둔 것이다. 수십 번의 무장봉기와 실패, 기나긴 망명 생활에도 쓰러지지 않았던 이 강인한 혁명가를 쓰러뜨린 것은 눈에 보이지도 않을 정도로 작은 암세포였다. 그의 죽음에 중국 전체가 슬픔에 빠졌다. 쑨원의 유해는 베이징에서 난징으로 옮겨진 뒤 안장되었다. 오늘날 난징에 있는 거대한 '중산릉'이 바로 그것이다.

오늘날 중국인들은 청나라를 무너뜨리고 민주공화정을 세운 혁명의 아버지로서 쑨원을 숭상한다. 실제로 이후 중국공산당 지도자들인 마오쩌둥毛澤東(1893~1976)이나 덩샤오핑의 사상은 긍정적이든 부정적이든 쑨원의 영향을 받았다. 타이완에서는 현재 타이완 국민당의 설립자로서 쑨원을 숭상한다. 즉 중국과 타이완은 저마다 자신들이 정통성을 계승한 정부임을 주장하기 위해 쑨원을 내세운다. 한편 홍콩 사람들은 그가 홍콩의과대학 졸업생이며, 최초의 혁명 조직을 설립한 곳이 홍콩이라는 점을 들어 쑨원이 자기네 사람이라 주장한다. 마카오 사람들은 쑨원이 처음 사회 활동을 시작한 곳이 마카오라는 점을 들어(처음 개업한 병원이 있다) 그를 자기들 품에 안는다. 이렇게 쑨원은 모든 중화권 나라를 하나로 통합하는 상징적 인물이다.

물론 쑨원도 인간인 만큼 허물이 있다. "옥황상제는 비판할 수 있어도 쑨원은 비판할 수 없느냐?"는 후스胡適(1891~1962)의 풍자처럼 쑨원 숭배가 지나치며 그의 업적이 지나치게 과장되었다는 비판, 또 그의 '대아시아주의'가 사실상 중국을 중심으로 하는 중화제국에 대한 향수이며, 이후 일본의 대동아공영권, 그리고 최근 중국의 패권주의적 정책의 뿌리가 되었다는 비판도 있다.

특히 쑨원이 조선을 바라보는 관점은 이중적이었다. 우선 그는 대한민국 임시정부 수립에 호의적이었고 실세도 않은 지원을 했다. 그래서 외국인으로서는 이례적으로 대한민국건국훈장이 추서되기도 했다. 그런데 다른 한편 그에게는 타이완과 조선이 청나라의 영토였으나 일본에게 빼앗겼다는 중화사상의 찌꺼기가 남아 있었다. 그가 오래 살아서 중국의 지도자가 되었다면, 어쩌면 일제가 패망한 뒤 타이완, 만주와 함께 조선도 중화민국의 영토라고 선언했을지 모를 일이다. 게다가 중국의 국부가 지녔던 우리나라에 대한 생각을 오늘날 중국의 지도자들이 은연중에 계승하지 않았다고 보기도 어렵다.

그럼에도 누구나 인정하는 사실은, 쑨원이 중국을 근대적인 민주국가로 만드는 일에 한평생을 바쳤으며, 그 과정에서 단 한 번도 자신의 부귀와 권력을 탐하지 않았고, 강인한 혁명가였지만 포용력이 넓어서 우파, 중도파, 좌파, 공산당, 심지어 군벌들까지 하나로 모아 자칫 서양의 식민지로 전락할 뻔했던 중국을 지켜 냈다는 점이다. 이것이 14억 중국인이 그를 아버지라 부르고 그의 이름을 딴 길과 공원을 수백 개나 세운 이유일 것이다.

한편 쑨원의 후계자인 장제스는 그만한 포용력과 리더십을 보여 주

쑨원이 안장된 난징의 중산릉

지 못했다. 그는 북벌전쟁을 통해 베이징의 군벌 정부를 타도하고 어지러운 중국을 중화민국으로 통일하는 큰 공을 세웠다. 하지만 자신의 반대파를 암살하고 특히 좌파를 절대 용납하지 못해 무자비한 탄압을 저지르는 등 편협하고 독선적인 정치로 일관했다. 결국 쑨원이 공들여 만들어 놓은 통합은 무너지고 혁명 세력은 국민당과 공산당으로 분열되었다. 장제스의 반대편이던 마오쩌둥 역시 통합의 정치와는 거리가 멀었다. 그는 공산주의와 조금만 어긋나면 무자비하게 숙청하는 공포정치로 중국을 두려움에 떨게 했다. 중국 전체를 아우르던 쑨원의 포용적 리더십에 대한 중국인의 그리움이 커지는 것도 어쩌면 당연한 일이다.

공칠과삼, 마오쩌둥은 국부인가?

중국에는 국부가 세 명이 있는데, 이는 중국이 세 단계에 걸쳐 크게 바뀌었기 때문이다. 첫 번째 국부는 중국을 제국에서 공화국으로 바꾼 쑨원이다. 두 번째 국부는 중국을 공산국가인 신중국으로 바꾼 마오쩌둥이다. 그리고 세 번째 국부는 공산주의 중국을 다시 시장경제 체제로 바꿔 놓은 덩샤오핑이다.

이 중에서 우리나라 사람들이 중국의 국부 하면 떠올리는 인물은 당연히 마오쩌둥이다. 중국 돈에는 마오쩌둥이 그려져 있고 톈안먼天安門

에는 마오쩌둥의 거대한 초상화가 걸려 있다. 뿐만 아니라 마오쩌둥이 베이징에 입성한 10월 1일이 중국의 국경절이며, 마오쩌둥의 시신조차 방부 처리되어 영구 보존·전시되고 있기 때문이다.

그런데 실제로는 중국인 상당수, 특히 교육 수준이 높은 중국인일수록 마오쩌둥에 대해 호의적이지 않고 심지어 냉소적이기까지 하다. '국부'라 불리려면 국민 대다수의 존경을 받아야 하고 그 이름을 중심으로 모든 갈등하는 세력들이 뭉칠 수 있어야 하는데, 마오쩌둥에 대한 중국인들의 반응을 보면 국부라 하기에는 뭔가 미심쩍다. 이는 마치 우리나라에서 이승만, 박정희를 국부 수준으로 추어올리려는 일부 정치 집단의 시도가 통합은커녕 격렬한 찬반 논란을 일으키는 현상과 비슷하다.

이처럼 가장 큰 영광을 누리는 것처럼 보이지만 언제나 논란의 대상이 되는 인물이 바로 마오쩌둥이다. 심지어 중국 공산당의 공식적인 평가조차 "공이 7이라면 과가 3이다."라고 인정할 정도다. 화폐마다 그 얼굴이 그려진 인물에 대한 평가치고는 매우 박하다고 할 수 있다.

여기서 7에 해당하는 공적은 중국공산당의 지도자로서 항일 투쟁과 국공내전國共內戰을 승리로 이끌고 중화인민공화국을 수립할 때까지라 할 수 있을 것이다. 반면 3에 해당하는 과오는 중화인민공화국의 주석으로서 대약진운동, 문화대혁명 같은 잘못된 정책으로 수많은 인민을 희생시킨 것을 말한다. 즉, 마오쩌둥은 혁명가로서는 훌륭했으나 정치가로서는 결함이 많은 인물이었던 셈이다.

마오쩌둥은 처음부터 두각을 나타내는 지도자가 아니었다. 원래 중국공산당의 지도자는 천두슈, 리다자오李大釗(1889~1927)였고 공산당은 아

톈안먼에 있는 마오쩌둥 초상

니지만 좌파로 분류되는 지도자는 랴오중카이廖仲愷(1877~1925), 쑹칭링宋慶齡(1893~1981. 쑨원의 부인) 등이 있었다. 심지어 쑨원도 레닌과 매우 친밀한 사이로, 오늘날 기준으로 보면 좌파에 가까운 인물이었다. 이런 상황이었기에 국공합작이 유지될 수 있었다. 그러나 쑨원이 세상을 떠난 뒤 국민당과 공산당을 통합하는 구심력이 사라졌고, 장제스라는 정반대의 원심력이 등장했다.

물론 장제스는 베이양 군벌과의 북벌전쟁이 끝나기 전까지는 원심력을 발휘하지 않았다. 리다자오, 저우언라이周恩來(1898~1976) 등이 북벌전쟁에 기여하는 바가 컸고, 또 소련공산당의 군자금과 무기 지원을 받기 위해서였다. 그러나 북벌전쟁이 끝나기가 무섭게 장제스는 공산주의자의 뒤통수를 쳤다. 곳곳에서 공산주의 지도자들이 체포, 구금, 처형을 당했다. 이 와중에 랴오중카이, 리다자오 등 공산당 지도부의 대부분이 목숨을 잃었고 살아남은 잔당은 서남쪽의 창사長沙(중국 후난 성의 성도)로 숨어들었다.

그런데 장제스가 공산당의 주요 지도자들을 몰아냄으로써, 자신을 몰아낼 숙명의 라이벌 마오쩌둥이 두각을 나타낼 수 있었다는 점은 역사의 아이러니라 할 만하다. 원래 마오쩌둥은 농촌을 기반으로 하는 농민 혁명을 주장한 인물로, 도시 노동자 계급 중심의 중국공산당에서는 발언권이 강할 수 없었다. 그러나 공산당이 장제스에게 패배하면서 도시의 거점을 대부분 상실했기 때문에 농촌을 기반으로 하는 마오쩌둥이 공산당의 지도자가 된 것이다.

마오쩌둥은 후난 성, 광시 성, 안휘 성 등 양쯔 강 이남 농촌 지역을 기반으로 중화소비에트 임시정부 성립을 선언하고 스스로 주석 자리에 올랐다. 이에 놀란 장제스는 대규모의 토벌전을 펼쳤다. 하지만 마오쩌둥은 지형을 이용한 게릴라전을 통해 국민당군에게 연거푸 승리를 거뒀고 빼앗은 무기로 홍군紅軍(중국공산당이 지도하는 당군)의 무장력을 강화했다.

하지만 몇 차례의 작은 승리가 마오쩌둥을 자만하게 했다. 그리하여 기세등등하게 장제스에게 전면전을 걸었지만, 이것이야말로 장제스가 기다리는 상황이었다. 준화기로 무장하고 공군까지 동반한 중국국민당 정규군에게 홍군은 참패했고 공산당은 공격은커녕 근거지도 지킬 수 없는 처지가 되었다. 이때부터 기나긴 탈출과 함께 추격전이 벌어졌다. 홍군이 근거지를 버리고 도주하면 국민당군이 끈질기게 이를 추격하고 홍군은 더 멀리 도망가는 일이 반복되었다. 이 추격전은 무려 3년이라는 시간 동안 9,600킬로미터라는 엄청난 거리를 이동하며 이루어졌다. 이것이 바로 중국공산당이 '대장정大長征'이라고 부르는 사건이다.

마오쩌둥은 이 참혹한 고난의 연속이던 대장정을 끈기 있게 이끌어 나갔다. 그리고 마침내 탈출에 성공해 공산당을 전멸의 위기에서 구해냈다. 이로써 마오쩌둥은 중국 공산당의 정신적 지주가 되었고, 중화인민공화국의 1세대 지도자 대부분은 이 대장정 과정에서 내공을 키우게 되었다.

이렇게 장제스와 마오쩌둥이 내전으로 국력을 소모하고 있을 때 이 기회를 틈타 일본이 중국을 침략했다. 이에 장제스와 마오쩌둥은 내전을 중단하고 2차 국공합작을 성사시킨다. 국민당이나 공산당이나 나라가 망하면 세력 다툼도 아무 의미가 없기에, 우선 일본부터 막아야 했다.

몽골공화국

대한민국

네이멍구자치구

베이징

간쑤 성

대장정 종착

허베이 성

산시 성

산둥 성

닝샤

우치

난량

장쑤 성

란저우 ■ 류판산

중국

칭하이 성

어제

하다푸

허난 성

안후이 성

반유

라쯔커우

바시

산시 성

후베이 성

저장 성

쓰촨 성

헤이수이

다웨이

■청두

충칭

후난 성

장시 성

푸젠 성

자진산

티베트

바오싱

루딩교

시수이

쭌이

리핑

안순창

마오타이

통다오

루청

위두

량산

안순

싱안

타이완

자오핑두

만봉림

광둥 성

대장정 출발

윈난 성

뤄핑

광시장족자치구

광저우 ■

미얀마

베트남

홍콩

━ 중앙홍군(제1방면군)의 장정 노선(1934.10.16~1935.10.19)

대장정 지도

마오쩌둥은 기꺼이 항일전쟁에서 장제스를 총사령관으로 인정하고 공산당을 장제스 아래의 팔로군八路軍(정식 명칭은 국민혁명군 제8로군)으로 편성하는 데 동의했다.

하지만 이 동맹은 사실 매우 위태로운 것이었다. 장제스는 일본과 싸우는 와중에도 공산당 박멸을 시도했다. 심지어 일본과의 전쟁이 끝나기도 전에 공산당을 공격해 수만 명을 살상하는 등 비인간적인 행위를 하기도 했다. 그러니 일제가 패망하고 중일전쟁이 끝난 뒤 두 진영이 다시 내전에 돌입한 건 정해진 순서였다. 사실 마오쩌둥은 중국이 다시 내전에 돌입하는 상황을 원하지 않았지만 장제스는 공산당을 절대 용납하지 않는 반공주의자였다. 장제스는 일본과의 전쟁이 끝나자 기다렸다는 듯이 공산당을 공격했다.

내전 초기에는 국민당이 압도적 우세였다. 공산당 본부가 있던 옌안延安까지 점령할 정도였다. 그러나 문제는 국민당의 부패였다. 당시 중국은 극심한 인플레이션으로 경제적 어려움을 겪고 있었는데, 이 와중에 국민당과 군의 주요 간부들이 부정부패로 엄청난 부를 축적해 국민들의 원성을 샀다. 반면 마오쩌둥은 농촌을 중심으로 꾸준히 민심을 얻어 내는 데 성공했다. 민심이 천심이라는 말을 증명하듯, 중국의 민심이 국민당을 떠나 공산당으로 옮겨 가면서 전세가 역전되었다.

마침내 1949년 4월 23일, 공산당의 인민해방군이 중화민국의 수도 난징을 함락했고 국민당은 타이완으로 도주했다. 그리고 마오쩌둥은 1949년 10월 1일, 베이징에서 내전의 최종적인 승리와 중화인민공화국 수립을 선포했다. 타이완으로 쫓겨난 장제스는 그곳에 임시정부를 세우고 자신들을 여전히 '중화민국'이라고 불렀지만 이미 대세는 결정 난 다음이었다.

장제스의 몰락은 후세 사람들에게 많은 교훈을 남겼다. 사실 장제스는 중국의 영웅이라 할 만한 인물이다. 북벌을 이끌어 군벌을 타도하고 신해혁명을 완수했으며 끈질긴 항일투쟁으로 마침내 일본을 패망으로 몰아넣은 주역이다. 그럼에도 내부 단속에 실패해 부하들의 부패를 막지 못했고 가혹한 반공 정책으로 민심을 잃어버렸다. 일단 민심을 잃자 그는 모래성처럼 무너지고 말았다.

여기까지가 바로 마오쩌둥의 공적이다. 공산당을 위기에서 구했고 일본과의 전쟁에서 승리했으며 마침내 공산당을 중국의 집권당으로 만들었다. 그런데 여기서부터 그의 과오가 시작된다.

마오쩌둥은 미국과 국민당이 혁명을 뒤엎기 전에 빠른 시일 내에 중국이 안정된 공산주의 단계로 진입해야 한다고 믿었다. 이를 위해서는 생산력을 비약적으로 증대시켜야 했다. 그런데 기술도 자본도 없는 중국이 어떻게 생산력을 증대시킬까? 마오쩌둥은 중국의 엄청난 인구에 주목했다. 기술이나 자본이 없어도 인민의 노력만 있으면 생산력의 비약적 증대를 달성할 수 있다고 믿었다. 이것이 바로 인민의 노력 동원을 대대적으로 선동한 '대약진운동'이다.

마오쩌둥은 생산력 증대를 위해 가장 중요한 것이 식량과 철이라고 생각했다. 철강 생산을 위해 전국적으로 마을마다 고로를 만들고 식량 증산을 위해 대규모의 집단농장과 인민공사人民公社(중화인민공화국이 1958년에 농업 집단화를 위해 만든 대규모 집단농장)를 만들었다. 그러나 그 결과는 재앙이었다. 농가 마당에 설치된 구식 고로에서 생산한 철강은 순도가 낮아 산업에는 전혀 쓸모가 없었다. 더욱이 연료로 쓰려고 나무를 남벌한 탓에 홍수 피해가 늘어나 대규모의 흉작이 발생했다. 집단농장은 비효율의 극치를 달렸다. 검증이 안 된 농업정책 때문에 농사를 망치는 경우가 많았다. 결국 중국 대륙은 사상 최악의 대기근에 시달리게 되었다. 이때 자그마치 3,000~4,000만 명의 인민이 굶어 죽었다. 이는 일본과 치른 8년간의 전쟁에서 죽은 사람 수보다 더 많은 숫자다.

결국 1959년 마오쩌둥이 대약진운동 실패에 대한 책임을 지고 국가주석에서 물러나고, 류사오치劉少奇(1898~1969)와 덩샤오핑이 국가 주석과 공산당 총서기를 맡아 뒷수습을 한다. 이들은 마오쩌둥의 정책들을 폐지하고 시장경제의 요소들을 들여오는 과감한 개혁 정책을 통해 중국 경제를 정상적인 발전 궤도로 올려놓는 데 성공했다.

한편 권좌에서 물러난 마오쩌둥은 '공산주의 교육운동'을 벌인다. 이는 어린 학생들을 대상으로 하는 교육운동이라 정치와는 별 상관이 없다고 여겨졌고, 따라서 별다른 주목을 받지 못했다. 하지만 이는 마오쩌둥의 재집권에 쓸 무기가 되었다. 마오쩌둥은 청소년들에게 자신의 사상, 그리고 자신에 대한 숭배를 주입함으로써 대규모의 광신자들을 키웠던 것이다. 이런 우상화 선전과 세뇌 교육을 받고 자란 이들이 10대 후반에서 20대 초반의 나이가 되자, 마오쩌둥은 이들을 주축으로 악명 높은 '홍위병紅衛兵'을 조직했다.

마오쩌둥의 레드북(어록집)

마오쩌둥은 1966년 8월 8일, 《인민일보》에 〈사령부를 폭격하라 - 나의 대자보〉라는 유명한 논평을 발표하면서 반격을 시작했다. 겉보기에는 젊은이들에게 권위주의를 청산하라고 말하는 것처럼 보였지만, 실제로는 공산당 안의 우파를 없애 버리라는 선동문이었다. 한마디로 '청년들이여, 류사오치와 덩샤오핑을 몰아내라.'라고 선전포고를 한 것이다. 곧이어 흥분한 홍위병 청년들이 전국적으로 들고 일어났다. 이른바 '문화대혁명'이 시작된 것이다.

홍위병들은 떼로 몰려다니면서 전국 각지에서 소위 낡은 것들을 마구 파괴했다. 절, 사당, 성당은 봉건잔재나 서양 풍습으로 몰려 부서졌다. 물론 이들에게 법적인 권한은 없었다. 하지만 수많은 청년이 떼로 몰려다니면서 행패를 부리는 데는 공권력도 당해 낼 재간이 없었다. 베이징과 상하이에서는 지식인과 당 간부, 공무원 들이 젊은이들에게 끌려 나와 권위주의자, 자본주의자 등으로 불리며 조리돌림을 당했다. 누구든 일단 끌고 나왔고 이유는 나중에 아무것이든 붙이는 식이었다. 누구는 낡은 사상을 지니고 있어서, 누구는 부유층이나 지주, 부르주아의 자손이라서, 누구는 서양 문물을 전파하는 앞잡이라서, 누구는 마오쩌둥과 반대된다고 여겨져서 홍위병들에게 끌려 다녀야 했다. 이들의 행패는 점점 대담해져서 처음에는 조롱, 다음에는 구타, 그리고 마침내는 살해까지

펜과 레드북을 든
홍위병들의 모습

이르렀다.

마오쩌둥은 이런 사태를 보고받고도 "히틀러가 더 잔인하지 않았나? 사람을 더 많이 죽일수록 진정한 혁명가가 되어 간다." "홍위병이 하는 일을 방해하는 자는 반혁명분자다."라는 발언들을 쏟아 내며 문화혁명에 불을 지폈다. 홍위병이 하는 일을 막으려는 자는 반혁명분자로 몰려 숙청 대상이 되었다. 9월 5일, 전국의 모든 홍위병들이 베이징으로 집결했는데, 그 숫자는 자그마치 1,100만 명이었다.

이렇게 몰려든 천만 홍위병들은 대담하게도 국가의 최고 지도자인 류사오치와 덩샤오핑을 자본주의 추종자라고 맹공격했다. 아무도 이들을 제지하지 못했다. 국가주석, 그리고 공산당 지도자 자리에 있던 두 사람의 운명조차 홍위병이 쥐고 흔들게 되었다. 결국 류사오치는 주석직에서 물러나 홍위병들에게 폭행당한 뒤 자신의 집에 감금되었다. 그는 의사들이 "반동분자를 치료할 시간이 없다."라며 치료를 거부하는 바람에 폭행 후유증으로 사망했다. 한 나라의 국가원수가 선동되어 흥분한 젊은이들에게 맞아 죽은 것이다. 덩샤오핑 역시 공직에서 쫓겨나 공장 노동자가 되었다.

미처 돌아가는 홍위병들을 조종하는 마오쩌둥의 심복들은 마오쩌둥의 부인이자 정치국 위원이었던 장칭江靑(1914~1991), 중국공산당 중앙위원회 부주석 왕훙원王洪文(1935~1992), 정치국 상임위원이자 국무원 부총리였던 장춘차오張春橋(1917~2005), 문예비평가 겸 정치국 위원 야오원위안姚文元(1931~2005)의 4인방이었다. 이들의 전형적인 수법은 먼저 언론기관을 통해 목표가 되는 인물을 반혁명분자로 비난하고, 그러며 여기에

문화대혁명 시기에 홍위병들이 "마오 주석을 무한히 우러르자
无限信仰毛主席"라는 구호를 새겨 놓았다가 지운 흔적이 보이는
우한 대학 건물

선동된 홍위병들이 벌 떼처럼 몰려가서 그 인물을 끌어내는 식이었다.

누군가를 반혁명분자라고 비난하는 것은 당시 중국에서는 일종의 처세술이 되었다. 누구든 자기 맞수를 제거하고 싶으면 언론을 통해 반혁명분자라고 모함만 하면 되었다. 그럼 홍위병들이 몰려가서 해치워 주었다. 안심할 수 있는 사람은 아무도 없었다. 일단 반혁명분자로 찍혀 비판 대상이 되고 나면 어떤 해명이나 변명도 불가능했기에 매사에 조심하며 빌미를 잡히지 말아야 했다. 벌 떼같이 몰려드는 홍위병들에게 무슨 논리적인 설득이 가능하겠는가? 수많은 공산당 지도자가 홍위병에게 처형당하거나 그들에게 당한 모욕감을 이기지 못하고 자살했다.

이제 마오쩌둥과 4인방은 자신들의 권력을 위협할 만한 다른 대상을 제거하기로 했는데, 그들은 바로 장군들이었다. 놀랍게도 홍위병들은 장군들마저 끌어냈다. 별을 다섯 개나 단 펑더화이彭德懷(1898~1974), 허룽賀龍(1895~1975) 원수도 예외가 아니었다. 새파란 젊은이들이 평생 혁명을 위해 싸운 노장군들을 질질 끌고 다니며 조롱했다. 이들은 이 모욕을 견디지 못하고 얼마 지나지 않아 화병이나 자살로 생을 마감했다.

1968년이 되자 마오쩌둥에게 도전할 사람은 아무도 없었다. 그런데 광란에 휩싸인 홍위병들이 공산주의자가 아니라는 이유로 쑨원의 동상을 파괴했다. 심지어 쑨원의 미망인이자 국가 부주석까지 지낸 쑹칭링을 부르주아의 딸이라는 이유로 처단하려 했다. 결국 마오쩌둥은 이제까지 유지하던 홍위병에 대한 우호적 태도를 바꿔 홍위병들을 진압했다. 결국 마오쩌둥에 의해 길러지고 그의 정적 제거 수단이던 홍위병은 마오쩌둥에게 이용만 당한 뒤 제거되었다.

소위 문화혁명이라는 광란의 시간이 지난 뒤 중국에 남은 것은 문화의 완전한 파괴, 깊숙한 마음의 상처, 그리고 신뢰의 상실이었다. 홍위병들은 중국의 수많은 문화재를 봉건 계급의 민중 착취 흔적이라며 닥치는 대로 파괴했다. '종교는 아편'이라는 공산주의 신조에 따라 특히 종교와 관련된 유적들을 철저히 파괴했다. 또 전통문화 전수자들을 '봉건주의자'로, 서양 학문을 따르는 학자나 예술가는 '제국주의자'로 몰아 처단했다. 결국 시인, 서예가, 화가, 경극단원, 무술인, 철학자, 과학자 등 문화 예술계 인사들이 줄줄이 홍콩으로 탈출했다.

선생님이 말 한 마디 잘못해서 제자들에게 반동분자로 몰리는 경우도 흔했다. 아버지를 반동분자라고 고발하는 일도 흔하게 일어났다. 이런 상황이니 누구도 자기 속마음을 털어놓지 못했다. 말 한 마디에 느닷없이 홍위병이 몰려와서 곤욕을 치르기 때문이다. 가족도, 친구도, 제자도 믿을 수 없었다. 이 두려움과 불신은 지금까지도 중국 대륙에 깊은 상처를 남기고 있다.

대약진운동의 실패로 수천만 명의 인민을 굶겨 죽이고, 문화대혁명으로 중국의 문화유산과 국민들 간의 신뢰를 파괴한 것, 이것이 바로 마오쩌둥이 저지른 '3의 과오'다. 보는 눈에 따라서는 '공칠과삼'이라는 평가가 과연 온당한가 반문할 정도로 마오쩌둥의 과오는 참담했다. 물론 공산당을 이끌어 끝내 승리하게 만든 장본인이 마오쩌둥인 것은 사실이다. 이것 때문에 아마도 중국인들은 마오쩌둥을 쉽게 버리지 못할 것이다. 하지만 이렇게 엄청난 과오를 저지른 마오쩌둥을 중국인들이 존경하는 것 역시 쉬운 일은 아닐 것이다.

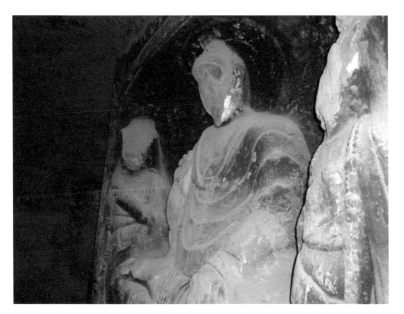

문화혁명기에 파괴된 티베트 불상

무엇보다도 마오쩌둥은 한국전쟁의 당사자다. 당시 김일성은 스탈린으로부터 남침 전쟁을 인가받으려고 애썼는데, 사실 스탈린은 이를 반대하는 입장이었다. 하지만 마오쩌둥은 이 전쟁을 적극적으로 지원하겠다는 의사를 밝히며 결국 스탈린이 전쟁을 찬성하는 입장으로 돌아서게 했다. 만약 마오쩌둥이 한반도에서의 전쟁을 반대했다면 한국전쟁은 일어나지 않았을 것이다. 더구나 마오쩌둥은 북한이 수세에 몰리자 무려 60만 명이라는 엄청난 병력을 한반도에 파견해 참전하기까지 했다. 우리가 마오쩌둥을 곱게 보기 어려운 또 하나의 이유다.

신신중국 건설의 주인공, 덩샤오핑은 누구인가?

중국은 공식적으로 공산주의 국가다. 실제로 1990년대까지 학교에서는 중국이 아니라 '중공'이라고 가르쳤다. 게다가 6·25 전쟁에서 북한과 함께 우리나라를 침략했던 나라이며, 휴전협정의 당사자, 즉 아직도 우리와 전쟁 중인 적대국이다. 헌법에 따르면 중화인민공화국은 명백한 사회주의 국가이며, 자본주의 및 제국주의와 투쟁하는 전투적인 국가다.

그런데 오늘날 우리 눈에 비친 중국의 모습은 이와 딴판이다. 대기업을 세운 신흥 자본가들이 부르주아로 몰리기는커녕 국가 영웅 대접을 받고 심지어 '노동자의 당'인 공산당 간부까지 된다. 이는 마오쩌둥이 그리던 중국과는 180도 다른 모습이다. 어느 모로 보나 중국은 자본주의 국가다.

문화혁명까지 겪은 중국을 이렇게 완전히 딴판의 나라로 바꿔 놓은 주역이 바로 홍위병에게서 구사일생으로 살아남은 덩샤오핑이다. 흔히 중국인들은 마오쩌둥이 신중국을 건설했다고 한다. 그렇다면 덩샤오핑은 신신중국을 건설했다고 해도 무방할 정도로, 중공을 중국으로 바꿔 놓았다.

덩샤오핑은 문화대혁명과 1차 톈안먼 사건(천안문사건)이라는 정치적 위기 속에서도 기적적으로 살아남은 인물이다. 특히 1차 톈안먼 사건 때는 감금되어 죽음을 기다리고 있는 상황이었는데, 때마침 마오쩌둥이 사망함으로써 목숨을 건졌다.

구사일생으로 목숨을 건진 덩샤오핑은 4인방 및 문화혁명 잔당들과 치열한 권력투쟁 끝에 승리해 마침내 중국의 실권을 장악했다. 실권을 차지하고도 덩샤오핑은 단 한 번도 공식적인 국가 주석직에 오르지 않았다. 대신 문화혁명의 희생자인 자오쯔양趙紫陽(1919~2005)을 총리에, 후야오방胡耀邦(1915~1989)을 공산당 총서기에 앉혔다. 후야오방은 저우언라이를 연상시키는 온화하고 합리적인 인물이었고, 자오쯔양은 류사오치를 연상시키는 과감한 개혁주의자였다. 덩샤오핑은 문화혁명 세력, 골수 공산주의자들을 내쫓거나 제거함으로써 자오쯔양, 후야오방의 개혁 정책이 순탄하게 추진되도록 하는 정치투쟁의 역할을 맡았다.

덩샤오핑은 마오쩌둥 식의 공산주의는 중국 인민에게 재앙이 될 것임을 분명히 알고 있었다. 그가 생각하기에 중국이 자본주의 시장경제를

미국 방문 당시의 덩샤오핑과 지미 카터 미국 대통령

채택하는 것 외에는 답이 없었다. 하지만 이를 위해서 국내에서는 공산당 보수파들의 반발을 잠재워야 했고, 국제사회에서는 중국의 이미지를 개선해 외국자본과 기업을 유치해야 했다.

"마오쩌둥은 공이 7이면 과가 3이다."라는 유명한 말이 바로 이때 나왔다. 마오쩌둥의 7에 해당하는 공은 과할 정도로 많이 강조했으므로 덩샤오핑은 나머지 3에 해당하는 과를 핑계로 마오쩌둥, 그리고 그의 심복이었던 4인방을 비판할 수 있었던 것이다. 이렇게 덩샤오핑은 문화혁명을 청산하면서도 공산당 안의 보수파의 반발을 예방하는 기민한 정치 감각을 발휘했다. 한편 서방세계를 순방하면서 중국이 폐쇄적이고 호전적인 공산주의 혁명국가가 아니라 자유롭고 열린 나라로 바뀌었음을 열심히 알렸다. 이때 나온 정책이 바로 홍콩이 반환되더라도 향후 50년간 홍콩의 자본주의 체제를 간섭하지 않겠다고 약속한 '일국양제一國兩制 정책'이다. 중국은 더 이상 자본주의와 조금 비슷하기만 해도 조리돌림을 하고 숙청하던 마오쩌둥 시절의 죽의 장막Bamboo Curtain(1949년 이래 중국의 비공산권 여러 나라에 대한 배타적 정책을 가리키는 용어)이 아니었다.

물론 공산당 내부에서 '자본주의자'라며 덩샤오핑과 자오쯔양을 비판하는 목소리가 높아지긴 했다. 하지만 덩샤오핑은 그 유명한 '흑묘백묘론黑猫白猫論(1970년대 말부터 덩샤오핑이 취한 중국의 경제정책으로, 검은 고양이든 흰 고양이든 쥐만 잘 잡으면 된다는 뜻)'으로 이를 일축했다. 검은 고양이든 흰 고양이든 쥐만 잡으면 되듯, 자본주의든 공산주의든 인민의 생활을 개선할 수 있다면 그것이 좋은 정책이라는 것이다.

그렇다면 덩샤오핑과 자오쯔양은 중국의 경제를 어떻게 공산주의에서 시장경제로 바꿨을까? 그 기반이 된 정책이 바로 선부론先富論과 외국 자본의 유치였다. 선부론은 '여건이 되는 지역, 능력이 되는 사람부터 먼저 부유해지고 그 힘으로 다른 지역이 부유해진다'는 것인데, 그 방법이 바로 외국자본과 기업을 유치하는 것이었다.

그리하여 홍콩과 가까운 광둥 성의 선전深圳, 주하이珠海, 산터우汕頭, 그리고 타이완과 가까운 샤먼이 경제특구로 지정됐다. 어차피 외국자본과 기술을 도입해야 한다면, 같은 중화족인 홍콩과 타이완 자본을 유치하는 것이 미국, 유럽, 그리고 역사적으로 악감정이 있는 일본 자본을 유치하는 것보다는 나을 것이기 때문이다. 이로써 광둥 성과 푸젠 성이 눈부신 경제 발전을 이룩했는데, 당시 광둥 성을 성장시키며 중국의 시장경제화를 앞장서서 이끌었던 시중쉰習仲勳(1913~2002)의 아들이 바로 현재 중국 주석인 시진핑習近平(1953~)이다.

광둥 성과 푸젠 성의 경제 발전은 곧 상하이와 칭다오青島 등지로 확산되었다. 상하이와 칭다오는 우리나라, 일본과 가깝다는 지정학적 이점 때문에 우리나라, 일본의 자본과 기업을 대거 유치했다. 특히 칭다오에는 거의 우리나라 도시처럼 보일 정도로 우리나라 기업이 많이 진출해 있다.

이제 중국의 경제는 눈부시게 발전하기 시작했다. 중국은 엄청난 인구와 높은 교육열 덕분에 노동력이 풍부하다. 생산 기반 시설도 다른 개발도상국에 비해 잘 갖춰져 있는 데다가 내수 시장 규모도 커서 기업이 투자하기 좋은 곳이었다. 다만 공산주의 국가라 그 길이 막혀 있었는데, 덩샤오핑이 그 문을 활짝 연 것이다. 당연히 전 세계의 기업들이 달려들 수밖에 없었다.

그 결과 개혁 개방 정책을 실시한 지 20년 만에 중국은 '세계의 공장'이 되었다. 세계 각국의 유명한 기업들이 본사는 자기들 나라에 두고 공장은 중국에 세웠다. 선전, 샤먼, 칭다오 같은 도시에 세계의 웬만한 기업의 공장들이 다 모이게 되었다. 그리하여 마오쩌둥 시절, 수천만 명이 굶어 죽는, 세계에서 가장 가난한 나라였던 중국은 20년 만에 1인당 국민소득으로는 세계 중위권, 국내총생산으로는 세계 2위의 경제대국으로 성장했다.

이제 중국은 단순히 선진국의 공장을 유치하는 수준을 넘어서서 스스로 제품을 기획하고 생산하는 단계에 들어섰다. 선진국의 설계도에 따라 하청 생산을 주로 하던 중국 기업은 이제 옛말이 되었다. 화웨이Huawei, 샤오미Xiaomi, 레노버Lenovo와 같은 기업들은 이제 세계시장에서도 상당한 경쟁력을 가진 브랜드가 되었다. 알리바바Alibaba 같은 인터넷 기반 유통, 금융 기업이 급성장하는가 하면 온라인 게임도 활발하게 개발되고 있다. 문제는 이런 기업들이 과거 우리나라가 세계시장을 주름잡던 바로 그 영역에서 성장하고 있다는 점이다. 실제로 2012년 이후 중국에 진출했던 우리나라 기업들이 이제는 중국 기업에 밀려 철수하는 경우가 늘어나고 있다.

이런 모습을 보면 중국은 영락없는 자본주의 시장경제 체제다. 그럼에도 중국은 공식적으로는 공산국가이며 공산당이 유일한 정당이다. 뭔가 어색하다. 공산주의라면 자본가를 타도하거나 인민의 적으로 규정해야 할 텐데, 마윈馬雲(알리바바 그룹의 창시자 겸 회장) 같은 대재벌은 심지어 공

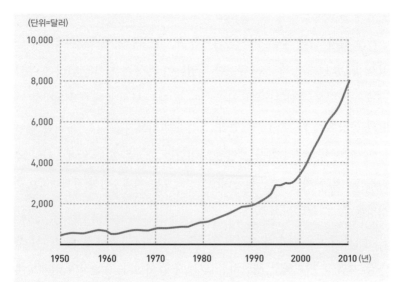

(단위=달러)

1950년부터 2010년 사이 중국 국내총생산 성장 그래프산당의 간부직까지 맡고 있다. 이런 형용모순이 아무렇지 않게 통용되는 것이 오늘날 중국의 모습이다.

일본 제국주의를 패망시킨 주역은
과연 미국일까?

우리는 미드웨이 해전, 히로시마와 나가사키에 원자폭탄 투하, 그리고 1945년 8월 15일 일본이 미국에게 항복함으로서 일제강점기가 끝났다고 알고 있다. 하지만 실제 일본과 가장 치열하게 맞서 싸운 나라는 따로 있었는데, 바로 중국이다.

중일전쟁이 얼마나 치열하고 참혹했는지는 숫자만으로도 확인할 수 있다. 8년간의 중일전쟁으로 사망한 중국인은 무려 3,000만 명이 넘는다. 이 과정에서 일본군 역시 200만 명 넘게 전사했다. 이 참혹한 중일전쟁은 1937년 7월 7일, 일본이 만주국과 중국의 국경을 넘어 베이징을 공격하는 것에서 시작됐다. 당시 중국은 장제스의 국민당과 마오쩌둥의 공산당이 서로 싸우던 중이니, 일본으로서는 기회를 잘 잡은 셈이었다.

하지만 일본의 침략은 도리어 국민당과 공산당의 단결을 가져왔다. 이른바 2차 국공합작의 계기가 된 것이다. 국민당과 공산당은 내전을 중단하고 연합군을 구성했다. 국민당의 장제스가 총사령관이 되었고 공산당은 팔로군이라는 부대로 편성되었다. 한편 2차 국공합작은 우리나라 독립군의 단결에도 영향을 미쳤다. 당시 우리나라 독립운동은 대한민국 임시정부, 지청천(일명 이청천, 1888~1957)을 중심으로 한 우파와 의열단, 항일연군 등을 중심으로 하는 좌파로 분열되어 있었다. 하지만 장제스와 마오쩌둥이 뭉친 이상 중국과 만주를 무대로 싸우고 있던 우리나라 독립군 역시 하나로 뭉칠 수밖에 없었다.

중일전쟁 초기에는 예상대로 잘 훈련된 30만 명의 정규군, 200만 명의 예비군, 그리고 세계 3위의 강력한 해군력과 공군을 보유한 일본이 중국을 압도했다. 반면 중국군은 비록 400만 명이라고는 하나 제대로 무기를 갖추고 훈련을 받은 부대는 장제스의 직속부대 10만 명뿐이었고 나머지는 문자 그대로 오합지졸이었다. 일본은 전쟁을 시작하고 얼마 지나지 않아 베이징을 함락했다. 이 압도적인 초반 전과에 일본열도가 열광했지만, 이것은 불행의 씨앗이었다. 이 압도적인 전과는 장제스의 본거지가 베이징이 아니었기 때문에 빚어진 착시 현상이었다. 당시 베이징에는 허술하기 짝이 없는 군벌 잔당들이 남아 있을 뿐이었다. 하지만 초반 전과에 잔뜩 고무된 일본군은 상하이, 난징을 2주 정도면 점령하고 장제스의 항복을 받아 낼 수 있다고 자신했다. 그러나 막상 상하이에 다다라 일본군이 마주친 장제스의 부대는 허술한 군벌과는 질적으로 달랐다. 이들은 정규 군사교육을 거쳤고 독일제 무기로 무장하고 있었다.

일본군은 상하이를 3개월이나 공격해야 했다. 그 과정에서 전사자도 10만 명이 넘어갔다. 마침내 일본군은 장제스를 충칭重慶까지 몰아내고 상하이와 난징을 함락했지만 상처투성이인 승리였다. 당초 일본의 계획은 3개월 만에 중국 전체를 장악하고 장제스의 항복을 받아 내는 것이었다. 그러나 상하이 한 군데에서 이미 3개월을 다 소진했고, 장제스는 내륙 깊숙이 도망가고 말았다. 작은 나라가 큰 나라와 싸울 때 절대 피해야 하는 장기전이 된 것이다.

초조해진 일본군은 난징의 무고한 양민들에게 화풀이를 했다. 1937년 12월에 벌어진 난징대학살이 바로 그것이다. 일본군은 중국인 남자가 눈에 띄기만 하면 기관총을 퍼부었고 여자가 보이기만 하면 강간한 뒤 살해했다. 심지어는 총알을 아껴야 한다면서 수만 명의 중국인을 생매장하기까지 했다. 이런 잔혹한 보복이 무려 6주나 계속되었다.

당시 난징대학살에 참가한 어느 일본군의 일기에는 "심심하던 차에 중국인을 죽이는 것으로 무료함을 달랜다." "산 채로 묻어 버리거나 장작불로 태워 죽이고 몽둥이로 때려죽이기도 했다."라는 내용이 적혀 있다. 이렇게 무고하게 학살당한 중국인이 수십만 명에 달한다.

사실 이 사건은 일본군의 절망과 초조함이 폭발한 것이었다. 장기전을 피하고 싶었던 일본은 장제스와 전면전을 하고 싶었지만, 장제스는 여기에 응하지 않고 도리어 일본군을 내륙으로 유인했다. 충칭까지 깊숙이 들어가서 싸우는 것은 자살행위라는 것을 알았던 일본은 중국의 해안선을 봉쇄해 중화민국 정부를 고립시키는 방법을 택했다.

하지만 이것도 만만한 일은 아니었다. 일본은 막대한 전사자를 내가면서 중국의 주요 항구도시들을 모두 장악하긴 했다. 하지만 점령 지역 각지에서 게릴라전이 끊어지지 않는 등 전력과 물자 소모가 심각했는데, 이는 섬나라 일본이 감당하기 어려운 규모였다. 하는 수 없이 일본은 자원이 풍부한 동남아시아를 공략할 수밖에 없었다. 하지만 그 대가로

난징대학살 당시의 모습

동남아시아에 식민지를 많이 거느리고 있던 영국과 미국을 상대로 싸워야 하는 더 절망적인 상황과 마주해야 했다. 이후 미국의 맹공을 받고 일제가 패망했다는 것은 한국인이라면 다 아는 사실이다. 중국과의 전쟁이 장기전으로 들어가는 순간 이미 일제의 패망은 예정되었던 셈이다.

따라서 2차 세계대전의 전후 처리를 위해 모인 카이로회담에 장제스가 당당하게 전승국의 일원으로 참석한 것은 당연한 일이었다. 더군다나 이 자리에서 우리나라를 일본으로부터 독립시킨다는 결정을 이끌어 낸 사람도 바로 장제스였다. 쑨원이 우리나라에 대해 지녔던 중화제국주의를 감안한다면 이는 매우 파격적인 지원이었다. 물론 장제스가 특별히 우리나라에 인심을 쓴 것은 아니다. 상하이와 충칭에서 대한민국 임시정부와 광복군이 장제스를 도와 일본과 싸웠기에, 장제스가 대한민국의 독립 의지를 인정하고 감복했기 때문이었다. 우리나라 독립운동가들은 실제로 독립에 기여한 것이 별로 없고 미국이 일본을 이겼기 때문에 우리나라가 독립했다는 생각이 잘못되었다는 건 이를 통해 알 수 있다.

중국의 주석과 공산당 총서기 중
누가 더 높을까?

중국뿐 아니라 공산주의 국가 대부분의 공통점은 바로 국가원수가 모호하다는 것이다. 예컨대 김일성은 국가주석이라고 부르지만, 김정일온 국방위원장이라 부르고 김정은은 노동당 비서라고 부른다. 그런데 이름이야 뭐가 되었건 이들이 북한의 통치자라는 것을 모르는 사람은 없다. 마찬가지로 오랫동안 중국의 최고 통치자 역할을 했던 덩샤오핑은 한 번도 주석이나 총리 같은 공식적인 최고위직을 가져 본 적이 없다.

사실 이런 애매모호한 정치제도는 중국에 투자하는 외국 기업을 불안하게 만든다. 중국이라는 나라가 언제 어떻게 바뀔지 모르기 때문이다. 지금은 개혁개방이다 뭐다 해서 자유시장경제를 옹호하지만 만약 순수 공산주의자로 지도자가 바뀌면 어느 날 갑자기 외국자본 몰수, 사회주의 강화, 이런 식으로 나올 수도 있다. 따라서 중국과 관련한 사업을 하거나 투자를 하려면 공식적인 발표 이면에 감춰진 중국의 정치적 변화를 읽어 낼 수 있어야 한다.

중국의 정치제도가 어떻기에 불안감을 주는 것일까? 한 마디로 말해 헌법상 최고 통치기구가 실제로 최고 통치기구로 작동할 수도 있고 아닐 수도 있다. 다만 한 가지 확실한 것은 공식적인 국가기구가 아니라 공산당 내부의 다수 정파가 실제로 중국의 통치자라는 점이다.

먼저 중국의 공식적인 정치제도부터 알아보자. 헌법에 따르면 중국의 최고 권력기관은 각 성, 자치구, 직할시, 특별행정구 및 군대에서 선출한 3,500명 정도의 대표로 구성되는 전국인민대표대회(전인대)다. 국회라고 생각하기 쉽지만, 그렇지 않다. 전인대는 1년에 한 번밖에 모이지 않기 때문이다. 수천 명의 의원들이 1년에 한 번 모여서 할 수 있는 일이 뭐가 있겠는가? 주석단(국가주석, 부주석, 중앙군사위원회 주석)과 150명의 상무위원회 위원을 선출하고, 이미 다 결정된 일을 추인하는 일뿐이다.

결국 중국의 최고 권력기관은 주석단과 150명의 상무위원회다. 그런데 전인대 대표의 선출 방식을 결정하고 전인대 대표를 선출할 선거인단을 구성하는 일은 상무위원회 소관이다. 그러니까 결국 전인대가 상무위원회를 선출한다는 말은 형식적인 절차일 뿐이며, 상무위원회의 다수파에 속한 상무위원은 특별한 과오가 없는 한 계속 상무위원직을 유지할 수 있다.

다음은 주석단이다. 주석단은 헌법상 국가원수인 국가주석과 부주석 그리고 국방을 책임지는 중앙군사위원회 주석을 말한다. 그런데 중국에는 대통령 선거 같은 주석 선거가 없다. 주석은 '공산당의 추천'을 받아 '전인대의 동의'로 임명된다. 즉 공산당이 아닌 다른 당에서는 주석 후보를 낼 수 없으니, 사실상 공산당이 주석을 임명하는 것이나 마찬가지다.

한편 주석단에는 속하지 않지만 실제 중국의 2인자는 총리다(부주석은 아무 권한이 없다). 중국의 총리는 우리나라 국무총리처럼 대통령의 단순한 하급자가 아니다. 중국 정부는 주석은 국가를 대표하고 정치와 외교를 담당하는 것으로, 총리는 경제와 교육을 담당하는 것으로 역할이 나뉘어 있다. 총리 역시 공산당의 추천과 전인대의 동의를 거쳐 임명된다. 물론 중앙군사위원회 주석 역시 공산당의 추천과 전인대의 추인으로 임명된다.

결국 헌법상 최고 권력기관이 실제로는 최고 권력기관이 아니다. 누가 주석, 총리, 중앙군사위원회 주석을 맡을지는 결국 공산당에서 결정한다. 따라서 공산당 내에서 많은 당원들에게 영향력을 행사하는 사람

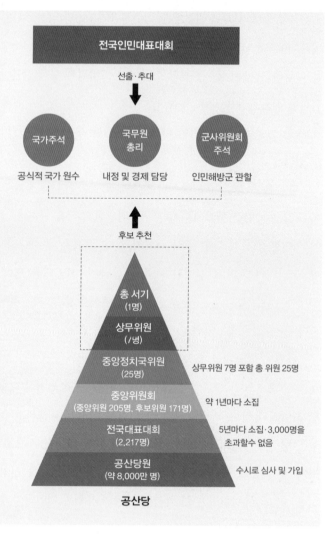

중국 정부 조직도

이라면 심지어 그에게 직함이 없더라도 언제든지 주석과 총리를 갈아 치울 수 있는 중국의 실권자다. 그렇기에 덩샤오핑이 그렇게 아무 직책 없이 중국을 통치했고, 장쩌민江澤民(1926~)이 주석직에서 퇴임한 다음에도 (중국에서는 70세가 넘으면 주석이나 총리에서 물러나는 게 관행이다) 주석인 후진타오胡錦濤(1942~)를 견제할 수 있을 정도로 힘을 발휘했던 것이다.

그렇다면 이렇게 막강한 권한을 독점하는 공산당은 어떻게 구성될까? 중국공산당은 당원만 8,000만 명에 이르는 거대 정당이다. 그런데 이 8,000만 명의 당원이 전당대회를 통해 민주적으로 당을 움직이는 게 아니다. 공산당을 움직이는 것은 205명에 불과한 공산당 중앙위원회다.

하지만 이 205명의 중앙위원이 모두 동등한 것은 아니다. 이 안에서 다시 25명의 정치국위원들 그리고 정치국위원이 사고가 생겼을 때 그를 대신할 몇 명의 후보위원들이 실질적인 당 지도부다. 이 25명의 정치국위원이 모두 동등한 것도 아니다. 정치국 안에 특별히 일곱 명의 상무위원들이 있는데, 이들이 바로 중국의 실권자다. 14억 중국을 공산당 정치국 상무위원 일곱 명이 움직이는 것이다. 만약 누군가가 전인대에서 큰 인기를 끌어 주석이나 총리가 되더라도 공산당 상무위원이 아니라면 그에게는 아무런 힘이 없다(실제로 그랬던 사례는 없다). 더 큰 문제는 14억 명에게 이 일곱 명을 견제하거나 감시할 수 있는 방법이 없다는 것이다.

그런데 이 일곱 명이 동등한 권한을 가지고 있느냐 하면 그것도 아니다. 이들 사이에는 '당 서열'이 매겨져 있다. 이 중 당 서열 1위가 바로 공산당 중앙당 총서기다(북한에서는 총비서라고 한다). 그럼 중국에서 국가주석과 공산당 중앙당 총서기 중 누가 더 높을까? 바로 공산당 총서기다.

군대는 군사위원회 주석(우리나라의 국방장관에 해당)과 공산당 군사위원장(여당의 국방위원장) 중 누구의 명령을 우선해야 할까? 정답은 공산당 군사위원장이다.

물론 지금은 당 서열 1위 상무위원이 공산당 총서기와 국가주석을 겸임하고, 당 서열 2위, 3위 상무위원이 전인대 위원장과 총리를 맡으며, 나머지 정치국 상무위원들이 부총리와 주요 장관직, 그리고 다른 정치국 위원들은 상하이, 충칭, 베이징, 톈진, 광둥, 푸젠 등 큰 지역의 시장이나 성장을 맡으므로 크게 헷갈리지는 않는다.

하지만 만약 총서기와 국가주석이 다른 인물이 될 경우, 비록 총서기가 당내 서열이 높다 할지라도 주석까지 추대된 사람의 당 서열 또한 만만치 않을 것이기 때문에 권력 다툼이 일어난다. 게다가 지방에서는 너 골치 아픈 상황이 발생한다. 예컨대 상하이에는 공식적으로 상하이 시장이 있지만, 동시에 중국공산당 상하이 지역당 서기도 있다. 그렇다면 누가 상하이를 대표하는가? 시장이? 당서기가? 정답은 '상황에 따라 다르다'이다. 상하이 시장의 당 서열이 높으면 시장이, 당서기의 서열이 높으면 당서기가 상하이의 실권자다.

사정이 이렇다 보니 중국에서는 공식적인 직책만으로는 그 사람의 권한 정도를 파악할 수 없다. 이것이 중국의 미래를 불안하게 만든다. 서울시와 어떤 협정을 맺으려 하는데 서울시장이 정말 서울시의 책임자인가, 아니면 보이지 않는 다른 실력자가 어디 따로 있는가를 살펴봐야 하는 상황이라면 어떻게 이런 나라에 장기적인 안목으로 투자할 수 있겠는가? 그러니 중국에서 사업을 하거나 중국에 투자하려면 공식적인 직책뿐 아니라 공산당 안에서의(중앙당뿐 아니라 지역당까지) 세밀한 정파 다툼 조짐까지도 파악하고 있어야 한다.

중국이 세계를 이끄는 나라로 올라설 수 있을까?

이제는 누구도 중국을 마오쩌둥 시절의 가난하고 낙후된 나라라고 생각하지 않는다. 오히려 과대평가하는 경우가 많다. 심지어 많은 학생들이 중국이 우리나라보다 선진국이라고 잘못 알고 있기까지 하다. 이는 중국의 경제성장을 과대평가한 언론의 호들갑 때문이다. 중국이 급격하게 성장하자 이제 미국의 시대는 끝나고 중국이 세계를 주도할 것이라는 전망이 잇따라 나왔다. 과연 그럴까? 아직은 속단하기 이르다.

저임금에 기반한 산업화의 한계

중국 경제성장의 원동력은 저렴하게 사용할 수 있는 풍부한 노동력을 바탕으로 외국자본과 기업을 끌어들인 것이다. 무수히 많은 외국 기업들이 본사만 자국에 두고 생산 공장을 중국에 세웠다. 중국은 이른바 '세계의 공장'이라 불리게 되었고, 메이드 인 차이나made in China가 아닌 물건을 찾기 어려울 정도가 되었다.

그런데 중국 경제가 성장하면서 물가가 상승하고 국민들의 생활수준도 향상되었다. 이제 저임금을 유지할 수 없다는 뜻이다. 게다가 베트남이나 인도네시아처럼 중국보다 저렴한 임금으로 외국 공장을 유치하는 경쟁국들이 속출했다. 엎친 데 덮친 격으로 중국 역시 일본이나 우리나라와 마찬가지로 저출산 고령화 시대에 접어들었다.

중국은 더 이상 저임금에 기반한 대규모 제조업에 의존할 수 없는 나라가 되었고 제조업뿐 아니라 서비스 산업으로 무게중심을 옮겨야 하는 국면에 이르렀다. 하지만 중국은 금융, 통신, 교통 등 주요 서비스 산업을 거의 대부분 국가가 소유하고 있다. 이들은 비효율적이며 경쟁력도 떨어진다. 그 결과 영원히 질주할 것 같던 중국의 경제성장이 급속도로 멈춰 버렸다. 중국의 경제성장률은 2012년을 계기로 주춤해 이제는 6퍼센트 대까지 내려앉았고 앞으로도 계속 떨어질 것으로 보인다.

물론 최근 들어 중국이 저임금 기반 산업에서 첨단 기술 산업으로 빠르게 변모하는 모습을 보여 주고 있기는 하다. 하지만 알리바바, 화웨이, 레노버, 샤오미 등의 몇몇 기업이 급성장했다고 해서 중국의 산업구조가 바뀐 것은 아니다. 게다가 알리바바와 화웨이는 스스로 경쟁력을 키웠다기보다는 정경유착을 통해 몸집을 키웠다는 의혹이 많은 기업이며, 레노버와 샤오미는 비록 중국 기업으로 되어 있지만 사실상 그 기반은 미국에 두고 있는 기업이다.

날로 심각해지는 불평등

중국의 가장 큰 문제이며, 장차 중국의 발목을 잡을 가능성이 가장 큰 화근 덩어리는 바로 심각한 빈부 격차다. 현재 중국은 경제적 불평등이 매우 심각한 상황이다.

중국의 지니계수 Gini's Coefficient(소득분배의 불균형 수치)는 2013년에 이미 0.473을 기록했다(이마저 중국 정부가 조작한 것이며 실제로는 0.600이 넘는다는 수상도 있다). 이는 세계 평균인 0.441보다 훨씬 높은 수치이며(당시 우리나라는 0.313), 심지어 빈부격차가 심한 것으로 알려진 미국의 0.451보다도 더 높다.

우리는 흔히 중국에 우리나라 인구만큼의 부자가 있다며 놀란다. 하지만 그 이면에 우리나라 전체 인구의 몇 배나 되는 빈곤층이 있다는 사실은 쉽게 지나친다.

특히 이 빈부격차가 지역 격차로도 나타나서 더욱 문제다. 중국은 1인당 국민소득이 8,000달러 정도에 불과한 개발도상국이다. 그런데 선전, 상하이 같은 도시는 1인당 국민소득이 1만 5,000달러를 넘어 선진국 수준에 도달한 반면, 내륙 지방은 여전히 캄보디아, 라오스 수준에 불과한 상황이다.

당연히 가난한 지역 주민들이 일자리를 찾아 대도시로 몰려든다. 하지만 중국은 거주 이전의 자유가 없는 나라이기 때문에 당국의 승인 없이 상하이, 선전 같은 경제특구로 주소를 옮길 수 없다. 따라서 이들은 상하이, 선전 등의 도시에서 불법체류자 신분이 되고 만다. 농민공이라 불리는 이들은 불법체류자라는 약점 때문에 저임금 노동 착취를 당하고 때때로 각종 범죄 조직에 가담하기도 하는 등 사회문제의 큰 원인이 되고 있다.

중국의 아킬레스건, 톈안먼

덩샤오핑은 경제체제로는 자본주의 시장경제를 도입했지만, 민주정치만큼은 한사코 받아들이지 않았다. 지금도 중국은 언론의 자유가 없고 보통선거가 이루어지지 않는 나라다. 이런 개혁개방 정책의 한계를 상징적으로 드러낸 사건이 바로 2차 톈안먼 사태라 불리는 참변이다.

이 참변은 덩샤오핑의 개혁개방 정책이 한창이던 1989년에 일어났다. 당시 중국의 젊은이들은 조만간에 중국이 미국과 같은 자유민주국가가 될 거라고 믿었다. 덩샤오핑의 후계지인 후야오방이 개방적인 인물이라는 점도 희망적이었다. 그런데 1989년 4월, 후야오방이 갑작스레 사망했다.

후야오방 추모를 위해 100만 명 이상의 대학생, 청년 등이 톈안먼 광장에 모여들었는데, 이 추모 인파는 어느새 민주주의와 정치 개혁을 요구하는 시위대로 바뀌었다. 마오쩌둥 시대가 아니기에 이 정도는 허용될 것이라 믿었다. 그런데 뜻밖에도 군대가 시위대에게 발포를 했다. 1,000명이 넘는 사망자가 발생했고 학생 시위의 배후라는 누명을 쓰고 자오쯔양이 실각하고 말았다. 자오쯔양은 가택 연금 상태에서 숨을 거뒀다. 자오쯔양의 실각과 사망은 중국의 개혁개방이 '여기까지'임을 선언한 것이나 마찬가지였다.

"시장경제는 가능하지만 민주주의는 안 된다."

물론 이후에도 중국의 초고속 경제성장은 계속되었다. 그러나 경제성장만으로 세계를 주도할 수는 없다. 미국이 국제사회에서 주도자 역할을 할 수 있었던 것은 군사력과 경제력뿐 아니라 민주정치라는 가치를 지키는 수호자 역할을 담당했기 때문이다. 경제력이나 군사력만으로 세계의 지도자급 국가가 될 수 없음은 과거 나치 독일이나 소비에트 연방의 몰락이 잘 보여 준 바 있다.

지금 중국은 경제 대국으로 성장하고 있으며, 군사력도 많이 강해졌다. 이제 중국의 과제는 세계의 모범이 되는 민주정치를 보여 주는 것이다. 중국이 나치 독일, 소비에트 연방의 잘못을 되풀이할 것인지 아니면 미국에 버금가는 나라가 될 것인지 가능성은 아직까지 열려 있다. 중국에 대한 관심을 놓지 말아야 할 이유다.

중국에서
조심해야 할 것들

• 사람들 앞에서 비난하기

중국 사람들에게 최고의 가치는 바로 체면이다. 그들은 자신의 체면이 깎일 바에는 목숨을 내놓을 정도다. 따라서 상사가 다른 동료들이 있는 앞에서 부하직원을 야단치거나 질책하면 아마 눈을 부라리고 대들 것이다. 하지만 따로 불러내 나무라면 고개를 푹 숙이고 받아들일 것이다. 따라서 중국인이 가족, 친지, 친구들과 같이 있을 때는 되도록 체면을 세워 주자. 그럼 반드시 보답받을 것이다.

• 하얀 봉투

하얀색은 중국인들이 매우 불길하게 생각하는 색깔이다. 상복에나 어울리는 색깔이라고 여기기 때문이다. 그런데 우리에게는 중요한 서류나 돈을 하얀 봉투에 담아서 주는 관습이 있다. 중국에서는 절대 피해야 할 일이다. 정성을 보여 주고 싶다면 하얀 봉투 대신 빨간 봉투에 노란색 글씨를 써서 주는 것이 좋다.

• 톈안먼

아주 활발한 자리에서도 톈안먼을 화제에 올리면 한순간에 얼음물을 끼얹은 듯 조용해진다. 귀찮게 구는 중국인이 있어서 쫓아내고 싶은 목적이 아니라면 톈안먼을 화제로 삼는 일은 삼가야 할 것이다.

● 문화재 반출

중국에서는 골동품 같은 것을 함부로 구입하지 말아야 한다. 중국은 걸핏하면 사형을 집행하는 인권 후진국이다. 특히 문화재와 관련한 처벌이 매우 엄하다. 불법으로 문화재를 중국 밖으로 반출하면 외국인이라 하더라도 사형을 면하기 어렵다.

● 중국의 음주 문화

우리나라 사람들이 중국인들과 만날 때 가장 주의할 부분이다. 중국인들 역시 친한 사람들끼리 술자리 갖는 것을 좋아하지만 술자리 문화가 우리와 무척 다르기 때문에 자칫 실례를 범할 수 있다. 우리나라에서는 잔을 비우면 계속 채워 주지만, 중국에서는 잔을 다 비우면 이제 그만 마신다는 뜻이다. 그러니 빈 잔에 자꾸 술을 따라 주지 않도록 한다. 중국인들은 자기 술을 자기가 따라 마시는 것이 원칙이다. 건배는 탁자를 톡톡 두드리며 잔을 들어 보이는 것으로 충분하다. 굳이 멀리 있는 사람에게 팔을 뻗어 잔을 부딪치지 말자.

작지만 큰 섬,

타
이
완

버젓이 세상에 존재하는 나라임에도 학교에서는 다른 나라 영토의 일부로 취급되는 나라가 있다. 바로 타이완이다. 타이완은 우리나라의 10대 교역 상대국 가운데 하나일 정도로 우리와 밀접한 관계를 지닌 나라다. 또 우리는 일상 속에서 타이완을 많이 접한다. 청소년들은 자신이 좋아하는 아이돌 스타들의 공연 일정에서 '대만'이라는 한국식 한자 발음으로 타이완을 만난다. 저우제룬(주걸륜), 구이룬메이(계륜미), 천옌시(진연희) 등 연예인들을 통해서다. 에이수스ASUSTeK, 에이서Acer, 벤큐BenQ 같은 전자제품, 스트라이다나 자이언트 같은 자전거도 흔히 만날 수 있다. 그러나 공식적으로 학교에서 배운 적이 없으니, 심지어 대만이 타이완이라는 것도 모르는 경우가 많다.

우리나라 학교 교육은 타이완에 대해 제대로 가르치지 않는 정도가 아니라 아예 존재를 지워 버렸다. 수업 시간에는 아예 다루지 않으며, 사회과부도에는 우리나라 지도의 제주도처럼 그저 중국의 섬 가운데 하나로 표시되어 있을 뿐이다. 사회 교과서에서도 타이완은 중국의 섬 가운데 하나에 불과하며, 따로 시간 내서 배울 이유가 없는 곳이다.

그런데 이런 현상은 결코 바람직하지 않다. 타이완은 우리와 경제적, 정치적으로 밀접한 관계를 맺고 있는 나라일 뿐 아니라 정보기술 강국을 지향하는 우리의 가장 강력한 경쟁 상대이기 때문이다. '지피지기'의 관점에서라도 우리는 타이완을 알아야 한다.

타이완, 섬나라가 커 봤자 얼마나 뻐?

우리는 보통 타이완을 아주 작은 나라라고 생각한다. 물론 타이완이 큰 나라는 아니다. 하지만 우리가 타이완이 작다고 생각하는 밑바닥에는 '섬나라'에 대한 선입견이 깔려 있다. 일본조차 비좁은 섬나라 취급을 하는 경우가 많은데 타이완이야 오죽할까? 그래서 타이완을 처음 방문한 한국 관광객들이 목적지까지 기차를 타고 두 시간, 세 시간 거리라는 말을 듣고 놀라는 경우도 드물지 않다.

타이완은 섬나라다. 면적은 우리나라의 전라남북도와 경상남북도를 합친 정도인 3만 5,000제곱킬로미터다. 이 정도 면적이라면 우리 머릿속에 들어 있는 제주도나 거제도 같은 섬의 이미지보다는 훨씬 크다. 게다가 타이완은 우리나라와 비교하면 평야의 비율이 높은 편이다. 나라 전체의 면적이 아니라 평야의 면적만 놓고 보면 타이완과 우리나라가 엇비슷할 정도다. 그러니 우리가 타이완을 방문해서 체감하는 넓이는 우리나라와 비슷하다.

타이완은 남북으로 길고 동서로 짧은 홀쭉한 모양을 하고 있다. 동서 방향으로는 폭이 100킬로미터 정도밖에 되지 않지만 남북 방향으로는 400킬로미터로 서울에서 부산 거리다. 그래서 타이완을 여행할 때의 체감 거리가 우리나라와 크게 다르지 않다.

한편 타이완에는 울창한 원시림과 높고 깊은 산들이 많다. 이는 타이완이 불의 고리라 부르는 환태평양 조산대에 속해 있기 때문이다. 남한에서 제일 높은 한라산은 해발 1,950미터에 불과하지만 타이완에는 해발 3,000미터가 넘는 산이 무려 30여 개나 된다. 그래서 타이완에서 바라본 대자연의 풍경은 작은 섬나라 풍경이라고는 느껴지지 않을 정도로 웅장하다. 이 웅장한 산맥은 타이완 최고봉인 위산玉山을 중심으로 남북 방향으로 길게 뻗어서 섬의 동쪽과 서쪽을 갈라놓았다. 그런데 아무래도 중국과 가까운 서쪽에 인구가 몰려 있다 보니 섬의 서쪽에 주요 대도시들이 밀집해 있으며, 동쪽은 원주민들이 거주하거나 개발되지 않은 상태로 남아 있다.

이 영토를 타이완은 직할시 여섯 개(타이베이 시, 신베이 시, 타오위안 시, 타이중 시, 타이난 시, 가오슝 시. 우리나라의 광역시에 해당한다), 시 세 개(지룽 시, 신주 시, 자이 시. 우리나라의 광역시와 작은 도시의 중간쯤 되는 도시로 전주, 청주, 수원 등의 도시에 해당한다)와 현 열세 개(우리나라의 도에 해당한다)의 행정구역으로 나눠 놓았다.

하지만 아무리 생각보다 크게 느껴진다고 해도 작은 나라가 큰 나라 되는 건 아니다. 타이완은 작은 나라다. 그리고 3만 5,000제곱킬로미터의 땅에 2,300만 명이 살고 있어서 인구밀도가 600명을 훨씬 넘는다. 세계에서 가장 빽빽하게 사는 나라들 가운데 하나다. 그런데 이상하게

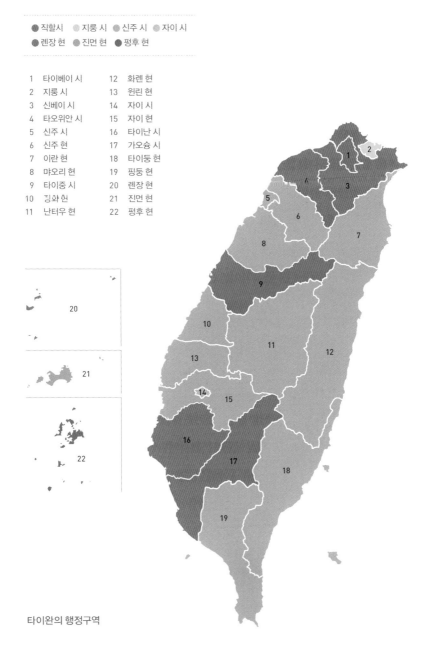

타이완의 행정구역

도 타이완을 방문한 사람들, 특히 서울과 수도권에 거주하는 사람들은 타이완에서 한적함을 느낀다. 인구밀도가 우리보다 훨씬 높은데도 오히려 우리나라에서 경험하지 못한 한적함, 시간이 멈춘 것 같은 경험을 한다. 이는 인구가 수도권에 집중된 우리나라와 달리 타이완은 주요 도시별로 골고루 분산되었기 때문이다. 우리나라는 수도 서울에 인구의 20퍼센트가 모여 살지만 타이완의 수도인 타이베이 시臺北市의 인구는 270만 명으로 전체의 12퍼센트에 불과하다. 부산에 해당하는 항구도시 가오슝시高雄市와 대전 격인 타이중 시臺中市 역시 인구 규모가 타이베이와 비슷하다. 수도는 물론 지방에도 인구가 골고루 흩어져 있는 것이다.

작은 나라니까
어딜 가나 다 비슷할 것이다?

우리나라를 방문한 외국 관광객들의 가장 큰 불만 중 하나가 지역마다 특색이 없이 어디나 다 비슷비슷하다는 것이다. 하긴 나라 전체를 합쳐봐야 미국의 주, 중국의 성 하나 면적도 안 되는 나라에서 달라 봐야 얼마나 다르겠는가? 그렇다면 그런 우리나라의 40퍼센트밖에 안 되는 더 작은 섬나라인 타이완은 어떨까? 그런데 놀랍게도 타이완은 작은 섬나라인데도 각 지역의 특색이 뚜렷해 사람들의 기질, 문화, 음식 등이 상당히 다르다. 타이완은 대체로 다음과 같이 구분한다.

북부 지방

수도인 타이베이 그리고 우리나라의 경기도에 해당하는 신베이 시 新北市, 지룽 시基隆市, 이란 현宜蘭縣 일대를 말한다. 중국과 가까운 지역이며, 대륙에서 불어오는 한파 때문에 겨울에는 의외로 쌀쌀하다. 일기예보가 의미가 없을 정도로 비 오는 날이 많고 습도가 높다. 한두 차례 비(강수확률 40퍼센트)라는 애매한 일기예보가 날이면 날마다 계속된다. 이런 환경 때문에 이 시역은 원래 타이완의 중심지가 아니었다. 하지만 일본에 가까워 일제강점기에 총독부가 세워지면서 타이완의 중심지가 되어 버렸다. 장제스를 따라 건너온 300만 명의 국민당 세력 역시 이 지역에 자리 잡았다.

그래서 이 지역은 타이완에서 자신을 중국인이라 생각하는 사람들의 비중이 비교적 높은 지역에 속한다. 문화나 음식 역시 중국, 특히 푸젠이나 상하이 지역과 큰 차이가 없다. 언어 역시 민난어 계열의 타이완어보다는 중국어(푸통화)를 많이 사용한다.

중부 지방

타이중 시를 중심으로 장화 현彰化縣, 난터우 현南投縣, 자이 현嘉義縣 등을 말한다. 이 지역은 지진과 태풍이 잦은 타이완에서 그나마 자연재해가 적은 지역이다. 그래서 예로부터 부자들이 많이 거주해 왔다. 실제로 타이중 시의 중심가는 수도인 타이베이보다 더 호화롭다.

그런데 재해가 적다는 게 꼭 유리한 조건만은 아니다. 일곱 개나 더는 원자력 발전소가 이 지역에 세워졌기 때문이다. 공교롭게도 1999년에 이 지역에서 큰 지진이 일어났고, 다른 지역보다 지진 대비가 허술했던 탓에 많은 피해를 입었다.

이 지역은 대만 최고봉인 위산을 중심으로 하는 거대한 산맥과 바다 사이에 있는 지역으로, 자연경관이 매우 빼어난 곳이다. 아리산 공원, 시토우 공원, 산린시 공원, 르웨탄 공원 등 타이완의 소문난 자연공원이 대부분 이 지역에 모여 있다.

남부 지방

타이난 시臺南市와 가오슝 시高雄市, 그리고 핑둥 현屏東縣 등이 포함된 지역이다. 열대 사비나 기후 지역으로 사실상 겨울이 없이(1월에도 기온이 19~25도 정도이며 빙수 가게가 성업이다) 우기와 건기만으로 계절이 나뉜다.

특히 겨울철이 여행하기에 좋다. 건기라서 거의 맑은 날이 계속되면서 기온은 20도 내외로 따뜻하기 때문이다. 이곳은 넓은 평야 지역으로 농사를 짓기에도 적합하다. 이렇게 환경이 좋기 때문에 처음 이 지역에 건너온 본성인들은 대부분 이곳에 정착했다. 정성공鄭成功(1624~1662)이 정씨왕국을 건국한 곳도 역시 이 지역이다.

그래서인지 이 지역 사람들은 자신들을 중국인이라고 별로 생각하지 않는다. 심지어 중화족이라고도 생각하지 않으며 쑨원에 대해서조차 반감을 지니고 있는 경우가 많다. 이 지역 사람들에게 타이완은 다만 타이완이다. 언어 역시 중국어보다는 민난어를 많이 사용한다. 음식도 해

산물 요리, 쌀국수 등 동남아시아 요리, 원주민 요리, 서양 요리 등이 융합된 독특한 요리가 발달했다.

동부 지방

화롄 현花莲縣, 타이둥 현臺東縣을 중심으로 하는 이 지역은 면적으로 치자면 타이완의 전반 가까이 차지할 정노로 넓다. 그러나 사람이 거의 살지 않는다. 이 넓은 지역의 인구를 다 합쳐도 서쪽 지방의 중소도시인 장화彰化 인구에 불과하다. 덕분에 이 지역은 인구밀도 높기로 유명한 타이완이 맞나 싶을 정도로 자연이 잘 보존되어 있고, 원주민 문화도 잘 보존되어 있다. 특히 서쪽으로는 3,000미터가 넘는 산맥, 동쪽으로는 쪽빛의 태평양을 바라보며 달리는 해안철도와 해안도로가 관광객들에게 많은 사랑을 받고 있다. 이 지역은 아메이족阿美族이라는 원주민이 인구의 다수를 차지한다. 아메이족은 노래와 춤에 능한 민족으로 타이완의 가수, 배우들 중엔 아메이족 출신이 매우 많다.

타이완에는
겨울이 없다?

우리에게 타이완은 더운 나라로 알려져 있다. 그래서 타이완은 우리니라 사람들에게 꽤 인기 많은 겨울 여행지다. 야구와 같은 스포츠 팀에서 겨울철 전지훈련지로 즐겨 찾는 곳이기도 하다.

하지만 타이완에도 엄연히 겨울이 있다. 그래서 공식적으로는 열대 기후가 아니라 아열대 기후로 분류된다. 타이완의 겨울은 우리와 마찬가지로 12월부터 2월로, 이 시기가 되면 기온이 뚝 떨어져서 제법 쌀쌀할 때도 있다. 이 시기에는 최저기온이 13도에서 16도까지 떨어진다. 물론 우리 기준으로는 겨울이 아니라 지내기 딱 좋은 쾌적한 날씨지만 어쨌든 열대기후는 아니며, 타이완 사람들은 그 정도도 몹시 춥게 느껴서 목도리, 털모자, 방한복을 입고 부츠를 신고 다닌다.

겨울이 아닌 나머지 아홉 달은 사실상 여름이다. 그중 4월과 11월은 우리나라의 초여름이나 초가을 정도의 날씨로 덥기는 하지만 활동할 만한 계설이고 5일부터 10월은 말 그대로 찜통같이 덥다. 특히 타이완은 비가 매우 많이 오는 나라로 연평균 강수량이 2,500밀리미터 정도 되며, 그중 6월에서 9월 사이에 비가 엄청나게 쏟아진다.

이렇게 덥고 강수량이 많다 보니 타이완은 쌀농사에 매우 유리하다. 기후도 유리할 뿐 아니라 영농법도 과학적이고 체계적이라 쌀뿐 아니라 각종 채소와 과일 등 농작물이 아주 풍부하다. 아시아의 선진국들 중 식량을 수출하는 나라는 타이완이 유일할 것이다.

하지만 타이완의 자연환경이 마냥 좋은 것은 아니다. 타이완의 더위는 살인적이다. 5월과 10월이 우리나라 한여름 수준이다. 그럼 6월에서 9월은? 한밤중이나 되어야 30도를 조금 밑도는 수준이며 한낮에는 35도를 예사로 넘어간다. 90퍼센트가 넘는 습도는 일상이다.

게다가 이 기간에는 태풍도 잦다. 우리나라는 발생하는 태풍 가운데 어쩌다 한두 개가 지나가지만 타이완은 태풍이 발생하면 두셋에 하나 꼴로 지나간다. 게다가 타이완을 지날 때의 태풍은 한창 힘이 강해 우리나라를 지나는 태풍과는 그 위력이 다르다. 타이완 여행 중에 태풍을 만난다면 거리에 인적이 끊기고 간판들이 날아다니고 심지어 전철까지 운행을 중단하는 진풍경을 경험할 수 있을 것이다. 2009년에 타이완 남부를 강타했던 태풍 무라꼿Morakot은 사흘 만에 우리나라 2년 치 강수량에 해당하는 2,600밀리미터라는 엄청난 폭우를 내리기도 했다.

태풍만이 아니다. 타이완은 일본과 더불어 지진이 가장 잦은 나라이기도 하다. 일본과 마찬가지로 타이완 섬 역시 환태평양 조산대가 만들어 놓은 기나긴 해저산맥의 큰 봉우리이며, 언제 폭발할지 모르는 활화산이다. 그렇다고 너무 걱정할 필요는 없다. 타이완은 일본과 함께 각종 자연재해에 대해 가장 준비가 잘된 나라이기 때문이다.

도대체 나라 이름이 뭐야?
타이완? 중화민국? 중국령 타이베이?

타이완 사람이 우리나라에 와서 입국심사를 받는다고 하자. 여권에는 뭐라고 적혀 있을까? 타이완Taiwan? 대만臺灣? 아니다. 타이완 사람들의 여권에는 '리퍼블릭 오브 차이나Republic of China', 그리고 '중화민국中華民國'이라고 적혀 있다.

하지만 각종 국제대회나 국제행사장에서는 '리퍼블릭 오브 차이나' 라는 이름을 절대 찾을 수 없다. 그렇다면 '타이완'이라고 되어 있을까? 그 역시 찾을 수 없다. '중화 타이베이Chinese Taipei'라는 애매한 이름으로 되어 있다. 국내에서 부르는 국호와 국제사회에서 부르는 국호가 다른 것이다. 게다가 타이완 안에서 사용하는 중화민국 국기나 국가조차 국제사회에서는 통용되지 않는다.

그렇다면 타이완은 중국의 영토일까? 물론 중국은 그렇다고 주장한다. 하지만 그것을 인정하는 나라는 국제사회에 없다. 만약 중국이 타이완에 군대를 보내거나 주권을 주장한다면 국제사회는 이를 침략 행위로 규정할 것이다. 그러니 타이완은 중국과 별개의 나라다. 하지만 나라로 인정받지는 못한다. 이게 무슨 궤변인가? 하지만 이 궤변과 같은 지위가 바로 타이완의 현주소다. 중국을 대표하는 중화민국 정부로 인정받지도 못하고, 그렇다고 중국과 무관한 타이완이라는 이름의 독립국가로도 인정받지 못하며, 그렇다고 중국의 영토도 아닌 복잡한 지위를 가진 나라가 바로 타이완이다.

타이완 국민들이 스스로 생각하고 있는 정체성도 뒤죽박죽이다. 타이완 국민의 40퍼센트 정도는 자신들이 중국인이라고 생각한다. 하지만 60퍼센트 정도는 자신이 중국인이 아니라 타이완인이라고 생각한다. 자신이 중국인이라고 생각하는 사람들은 현재 자신들이 분단국가에 살고 있으며, 언젠가 통일이 이루어져야 한다고 생각한다. 자신이 타이완인이라고 생각하는 사람들은 중국과 타이완은 무관한 나라이며 통일될 이유가 없다고 생각하며 살아간다. 이들은 다른 나라 사람들이 "웨얼 아유 프롬Where are you from?"이라고 물으면 "중화민국Republic of China."라 하지 않고 "타이완."이라고 대답하며, 자신들을 중국인Chinese이라고 부르면 화를 내기도 한다.

그런데 자신들을 타이완인이라고 주장하는 사람들이 중화족, 즉 한족이 아니냐 하면 그것도 아니다. 이들은 자신들이 중국인은 아니지만 그럼에도 한족이라고 생각한다. 이 역시 뒤죽박죽이다. 이는 오늘날 타이완인이 원주민과 대륙에서 건너온 한족들이 서로 섞이면서 형성되었기 때문이다.

원래 타이완에는 17세기 이전까지 한족이 살지 않았다. 타이완에 먼저 살던 원주민들은 오스트로네시안 어족에 속하는 오늘날 뉴기니 원주민이나 마우리족과 같은 계열의 사람들이었다. 이들은 이미 수천 년 전에 타이완에서 금속기 문화를 일구었는데, 일부는 대륙으로 건너가서 동남아시아 쪽으로 이동했고 또 일부는 카누를 타고 환태평양 조산대의 여러 섬들을 차례차례 채워 나갔다.

이들 외에 한족은 해적으로 가끔 들를 뿐이었다. 이 섬에 처음 정착한 외지인들은 오히려 포르투갈, 에스파냐, 네덜란드 출신의 유럽인들이었다. 이들은 동남아시아, 일본, 중국의 중간에 위치한 이 섬을 중요한 중간 기착지로 활용했다. 지금도 타이완의 애칭으로 사용하는 '포모사Formosa'라는 이름은 포르투갈어로 '아름다운 섬'이란 뜻이다.

그런데 유럽인들이 이렇게 무역 거점을 세우자 장사에 능한 한족들(푸젠인, 광둥인, 하카인)이 모여들었다. 이렇게 타이완 섬은 장사를 위해 드나드는 한족과 유럽인들, 그리고 그들과 간혹 접촉하지만 대체로 무관심한 원주민들이 적당히 섞여 살아가는 곳이 되었다.

한편 유럽인들은 다른 아시아 지역과 마찬가지로 이곳도 식민지로 삼으려 했다. 필리핀을 식민지로 삼은 에스파냐가 먼저 움직여서 타이완 섬 북부 지방(단수이, 타이베이, 지룽)을 점령한 뒤 에스파냐령 포모사로 불렸다. 비슷한 시기에 인도네시아를 식민지로 삼은 네덜란드도 타이완 남부 지방(가오슝, 타이난)을 점령했다. 결국 이들은 타이완 전체의 지배권을 놓고 전쟁을 벌였고 승리한 네덜란드가 1642년에 타이완 전체를 식민지로 삼았다.

그런데 이 무렵 명나라가 멸망하고 만주족의 지배를 피해 한족들이 타이완으로 건너오기 시작했다. 네덜란드 총독부는 이들 한족들을 매우 강하게 억압했다. 한족의 농지 소유를 금지하고 무거운 세금을 매기는 등 철저하게 착취하고 괴롭혔다. 이에 반발한 한족 수천 명이 대규모 무장봉기를 일으켰지만(1652), 근대식 무기로 무장한 네덜란드군에게 잔혹하게 학살당하고 말았다.

이때 타이완의 건국 영웅인 정성공이 등장했다. 정성공은 정지룡이라는 해적 두목의 아들인데, 정지룡은 보통 해적이 아니라 수백 척의 전함과 10만 명 이상의 병사를 거느린 해적이었다. 말하자면 명나라판 장보고다. 신라가 장보고에게 관직을 주어 회유했듯이 명나라도 수군 도독이라는 높은 관직을 주어 그를 회유했다. 이렇게 중국 해안 지방의 지배자가 된 정지룡도 해적 출신이라는 것에 대해 열등감이 있었다. 그래서 그는 아들 정성공의 교육에 온 힘을 기울였다. 해적왕의 아들 정성공은

중국 샤먼 해안가에 세워진 정성공 상

어느 모로 보나 손색 없는 명나라의 귀족 신사로 성장했다.

명나라가 멸망하고 만주족의 청나라가 중국의 주인이 되자 정지룡은 청나라의 회유에 넘어가 항복하고 청나라의 작위를 받았다. 하지만 정성공은 아버지가 민족을 배신하고 만주족에게 복종한 것을 부끄럽게 여겼다. 마침내 정성공은 아버지와 결별하고 군사를 일으켜 청나라와 맞서 싸우는 '반청복명' 운동에 나섰는데, 유교 문화권에서는 상상도 할 수 없는 '아비를 죽여 나라에 보답하겠다殺父報國'라는 깃발까지 내걸었다. 이렇게 남중국해의 지배자 정씨의 세력은 청나라에 투항한 아버지와 청나라와 맞서 싸우는 아들로 갈라졌다.

정성공은 처음에는 승승장구하며 광둥, 푸젠, 저장 등 3개 성과 양쯔 강 하류의 24개 현을 손아귀에 넣었다. 이 힘을 바탕으로 명나라 황실의 후손인 영력제永曆帝를 옹립한 뒤 명나라의 발상지인 난징을 수복하고자 했다. 그러나 바다에서는 무적이던 정성공의 군대도 육지에서는 만주족 기병을 당해 내지 못했다. 정성공은 그만 전력의 절반을 잃고 오히려 청나라의 거센 추격에 내몰렸다.

해상왕 정성공의 가장 큰 문제는 거대한 함대를 운용하고는 있지만 발붙일 수 있는 육지가 샤먼 한 군데뿐이고, 이마저 언제든지 청나라 기병의 공격을 받을 수 있다는 것이었다. 그에게는 청나라의 공격으로부터 자유로우면서 군대가 거점으로 삼을 수 있는 안전한 영토가 필요했는데, 타이완 섬이 안성맞춤이었다. 함대 운용 능력이 떨어지는 청나라는 바다를 건너 추격해 올 수 없는 반면 정성공은 타이완을 거점으로 언제든지 배를 몰고 가 본토를 공략할 수 있기 때문이다. 게다가 타이완은 수백만 명의 인구를 먹여 살릴 만큼 농사가 잘되는 곳이다. 때마침 타이완의 한족들이 네덜란드군에게 학살당했다는 소식도 젊은 애국자 정성공을 자극했다.

마침내 정성공은 2만 5,000명의 병력을 이끌고 타이완 섬을 공략했다. 네덜란드군은 한족을 우습게 알았지만, 정성공의 군대는 이전에 네덜란드가 상대했던 한족 반란군과는 차원이 달랐다. 그는 네덜란드군을 타이완 섬에서 몰아내고 타이완의 통치자가 되었다(1662).

이때부터 정성공을 연평군왕延平郡王이라 부른다. 연평군왕은 타이난을 수도로 삼았다. 그는 제일 먼저 학교를 세웠고 다음으로 각종 행정제도를 정비했다. 그의 노력으로 타이완은 나라의 꼴을 갖추게 되었다. 연평군왕은 자신을 따라 들어온 한족, 원래 타이완에 거주하던 한족, 그리고 타이완 원주민들 간의 화합과 융화를 장려했다.

이렇게 타이완의 정권이 안정되자 만주족의 지배를 따를 수 없었던 한족들이 한꺼번에 타이완으로 건너왔다. 이들은 대체로 정치적 망명객이었기 때문에 남자들이 압도적으로 많았다. 그리하여 이들과 타이완 원주민 여성과의 혼인이 빈번하게 일어났다. 그 결과 고산지대에 거주하는 일부를 제외한 타이완 원주민의 대부분이 소멸되고 타이완 인구의 대부분이 한족과 원주민 간의 혼혈로 바뀌었다. 이들이 바로 오늘날 타이완 사람들이다. 이들은 한자를 사용하고 한족 문화권에 속하긴 하지만 한족과 오스트로네시아 계열 원주민의 혼혈이기 때문에 외모부터 우리가 알고 있는 전형적인 중국인과는 상당히 다르다. 이들이 자신들을 일컫는 말이 타이완 '본성인'으로, 원래부터 타이완에 있었던 사람이라는 뜻이다. 반면에 중국이 공산화되면서 건너온 국민당 당원 등의 중국인들은 '외성인'이라 부른다.

정성공은 1662년, 서른아홉이라는 젊은 나이로 요절하고 정경鄭經(1642~1681)이 아버지의 뒤를 이었다. 그는 유능한 재상 진영화陳永華(1634~1680)의 도움을 받아 타이완의 산업을 크게 발전시키고 나라의 힘을 키웠다. 10년 정도 지나자 타이완은 물자가 풍부하고 안정적인 나라가 되었다.

이때 정경은 선택의 갈림길에 섰다. 타이완은 10만의 해군을 운용할 수 있고 군량도 넉넉했다. 이 힘을 바탕으로 남쪽으로 진출해 필리핀을 비롯한 동남아시아 쪽으로 범위를 넓힐 것인가, 아니면 중국 본토에 상륙해 다시 한번 청나라와 승부를 볼 것인가?

이때 대륙의 정세가 급변했다. 명나라를 배신한 대가로 청나라로부터 중국 남쪽의 영토를 받아 반독립 상태로 있던 평서왕平西王 오삼계吳三桂(1612~1678), 평남왕平南王 상가희尙可喜(1604~1676), 정남왕靖南王 경계무耿繼茂(?~1671)가 엉뚱하게 반청복명의 깃발을 내걸고 반란을 일으킨 것이다(삼번의 난三藩亂). 이들이 명나라를 배신하고 청나라에 붙어 출세한 것을 온 백성이 다 알고 있는 터에, 느닷없이 반청복명의 깃발을 내세웠으니 명분이 설 리 없었다. 그래서 이들은 반청복명의 원조 격인 타이완 정씨 왕가에게 동맹을 요청했다. 정경은 한동안 고민하다 마침내 삼번의 세력과 연합해 중국 본토 정벌에 나섰다. 정경의 대륙 공략은 처음에는 성공적이었다. 푸젠 성 남부 지역과 광둥 성이 타이완의 지배 아래 들어온 것이다.

그러나 한번 배신한 자들은 다시 배신하는 법이다. 삼번의 핵심 세력인 경정충耿精忠(?~1682, 경계무의 맏아들)이 정경을 배신하고 다시 청나라에 붙고 말았다. 어제까지만 해도 동맹군이던 경정충과 청나라가 연합해 포위 공격을 하니 정경으로서는 당해 낼 재주가 없었다. 결국 그는 푸젠 성과 광둥 성을 포기하고 샤먼으로 퇴각했지만 청나라의 집요한 반격에 밀려 대륙의 거점을 모두 포기하고 타이완 섬으로 밀려났다. 이제 명나라의 옛 땅을 회복할 희망은 영영 사라졌다. 정경은 실의에 빠져 정사를 멀리하다가 1681년 병으로 죽었는데, 공교롭게도 아버지와 비슷한 나이였다.

정경의 뒤를 이어 큰아들 정극장鄭克𡒷(1664~1681)이 왕위에 올랐다. 하지만 그는 열두 살의 어린 동생 정극상鄭克塽(1670~1717)을 등에 업은 풍석범馮錫範(?~?)의 음모로 암살당하고 말았다. 정극상이 그 뒤를 이어 왕위에 올랐으나 실권은 섭정인 풍석범에게 있었다. 풍석범은 가혹한 세금과 부역으로 백성들의 원망을 샀으며, 타이완의 결속력을 무너뜨렸다.

타이완이 내분으로 약해지고 있을 때 청나라 황제 강희제康熙帝(1654~1722)는 청나라뿐 아니라 중국 역사를 통틀어 가장 위대한 군주로 손꼽히는 훌륭한 정치를 펼쳤다. 타이완이 무너지고 있다는 첩보를 접한 강희제는 명나라 멸망 당시 정지룡을 따라 청나라에 항복한 정씨 가문의 수군 제독 시랑施琅에게 함대를 맡겨 타이완 정벌에 나섰다. 내전으로 쇠약해진 타이완이 믿는 것은 청나라보다 해전을 잘한다는 것뿐인데, 시랑이 정씨 함대를 몰고 오는 어처구니없는 상황에 처하게 된 것이다. 결국 평후해전에서 타이완 수군은 전함 159척, 병력 2만 명이라는 엄청난 손실을 입었고 대세는 기울었다. 이렇게 타이완 정씨 왕조는 23년 만에 믹을 내렸고, 타이완은 청나라의 영토에 편입되었다.

타이완을 복속시킨 청나라는 비교적 관대하게 타이완을 다스렸다. 바다 건너에 있는 영토를 철저하게 관리할 능력이 없었기 때문에 형식적인 복속 관계만 유지하면 그만이었다. 청나라는 타이완 정씨 일가를 예우하고 타이완 사람들이 자기 고유의 풍속과 관습을 지키도록 허용했고 (대륙의 한족들은 변발과 만주족의 복장을 강요받았다), 타이완에 거의 자치주에 가까운 지위를 부여했다. 그런데 청나라가 타이완을 명목상이나마 지배한 역사도 150년 정도에 불과하다. 1894년 청일전쟁에서 패배하면서 맺은 시모노세키 조약에 따라 일본에 내주고 말았기 때문이다.

우리나라는 일제강점기에 저항했지만
타이완은 순응했다?

우리나라나 타이완이나 모두 일본 식민지 시절을 거쳤고 일제의 패망과 함께 독립했다. 그런데 우리나라와 달리 타이완 사람들은 일본에 대해 그다지 큰 반감을 가지지 않은 것처럼 보인다. 일본이 조선과 달리 타이완을 온건하게 통치했기 때문에 그렇다는 말도 있지만 이는 사실과 다르다. 우리처럼 타이완 사람들도 일제에 강력하게 저항했고, 일본은 우리나라와 마찬가지로 타이완 사람들 또한 가혹하게 진압했다.

타이완 사람들의 저항은 청나라가 타이완을 일본에 넘겨주기로 결정한 순간부터 시작되었다. 타이완에서 근무하던 관료와 무관들 중 상당수가 일본에 타이완을 넘겨주고 본토로 귀환하라는 치욕적인 명령에 따르지 않았다. 이들은 청나라가 타이완의 통치권을 포기한 것은 타이완이 조선과 마찬가지로(청일전쟁의 패배로 청나라는 조선에 대한 영유권을 포기했다) 독립국가가 되었다는 뜻이지 일본의 영토가 된 것은 아니라고 주장했다. 그리고 타이완 민주국臺灣民主國, Republic of Taiwan 건국을 선포하고(1895년 5월 25일) 무관 출신이 탕징쑹唐景崧(1841~1903)을 대통령으로 추대했다. 이들은 군대를 편성해 타이완을 접수하러 들어오는 일본군의 상륙을 무력으로 막았다. 그러나 그 작전은 성공하지 못했고, 결국 일본군은 타이완에 상륙했다. 그러자 이들은 마을과 도시 곳곳에 흩어져 일본군이 타이완을 접수하는 과정을 방해했다. 지룽 쪽으로 상륙한 일본군이 가오슝까지 관리와 군대를 파견하는 데 다섯 달이 걸릴 정도로 싸움은 치열했다. 일본군은 이들을 끝까지 추적해 가혹하게 진압했다.

일본이 타이완인을 무력으로 완전히 제압하는 데는 무려 20년이라는 시간이 걸렸다. 20년 동안 크고 작은 다양한 봉기로 일본을 괴롭히던 타이완인의 저항이 마지막 불꽃을 피운 사건이 이른바 타파니噍吧哖 사건이다. 한때 타이난 일대에 들불처럼 퍼져 나갔던 이 봉기는 일본군과의 치열한 교전 끝에 진압되었는데, 일본군에 체포돼 사형당한 사람만 860명에 이를 정도로 많은 희생자를 내고 말았다. 일본군과 교전 중에 사망한 사람들의 숫자는 집계조차 어렵다. 항일운동에 있어 우리나라보다 타이완이 적극적이지 않았다고 할 어떤 근거도 없다.

일본은 영국의 식민 통치 기술을 응용해 타이완에 분할 통치를 실시했고, 그게 먹히면서 이후 30년간 타이완을 비교적 안정적으로 통치할 수 있었다. 이는 타이완의 본성인들(한족)에게는 적극적인 동화정책과 유화정책을 실시하고, 원주민들에게는 가혹한 통치를 하면서 타이완인을 두 집단으로 분열시키려는 계략이었다. 그리고 이 계략이 효과를 발휘해 1916년 이후 한족의 저항은 잠잠해졌다.

그러나 원주민은 저항을 멈추지 않았다. 원주민의 항일투쟁 중 가장 격렬했던 저항은 1930년, 중남부 산악 지역인 우서霧社에서 일어난 고산족高山族의 봉기였다. 일명 '우서 사건'이라 부르는 이 봉기는 일본 경찰의 인종차별이 도화선이 되어, 마침내 수천 명의 원주민이 무장봉기한 사건이다. 결국 고산족이 수백 명의 일본인을 살해하는 상황까지 확대되었다. 그러나 이들은 일본군과의 교전에서 화력 차이를 감당하지 못하고 패배하고 말았는데, 압도적인 열세에도 3주간이나 용감하게 맞섰으며 결국 부족의 절반이 목숨을 잃고서야 봉기가 막을 내렸다. 부족의 절반이 죽었을 정도니 남자들은 거의 다 싸우다 죽었다고 봐야 할 것이다.

일본은 이렇게 원주민은 가혹하게 탄압하면서 한족 본성인들에게는 유화적으로 대함으로써 타이완의 단결을 교묘히 방해했다. 하지만 1941년 이후 사정이 달라졌다. 일본이 태평양전쟁을 일으키면서 전쟁 물자가 부족했다. 농사가 잘되고 목재를 비롯한 각종 물산이 풍부한 타이완은 일본에게 매우 귀중한 군수창고였다. 원주민뿐 아니라 한족도 일제의 수탈에 시달리게 되었고 일본에 대한 반감이 높아지면서 중화민국 정부를 지지하는 사람들이 늘어났다.

1943년 일본의 패색이 짙어진 가운데 연합국인 미국, 영국, 그리고 중화민국의 정상이 이집트 카이로에서 전쟁의 뒤처리를 놓고 회담을 가졌다. 이 자리에서 일본의 식민지였던 나라들의 전후 처리를 논의했는데, 중화민국 총통 장제스가 대한민국의 독립을 강력하게 주장해 통과시켰다. 그런데 타이완의 경우는 원래 중국 영토이니 일제의 패망과 함께 반환되어야 한다고 주장한다. 태평양전쟁에서 장제스의 역할이 워낙 컸기 때문에 그의 주장은 거의 관철되었으며, 이로써 일제 패망과 함께 우리나라는 독립했지만 타이완은 중화민국의 영토로 편입되었다.

일본은 타이완을 통치했지만, 중국은 타이완을 정복했다고?

일제 말기 가혹한 수탈에 시달리던 타이완인은 일본이 항복하고 중화민국 군대가 들어오자 이들을 열렬히 환영했다. 하지만 기대가 실망으로 바뀌는 데는 그리 오랜 시간이 걸리지 않았다. 우선 장제스는 타이완을 중화민국의 정식 행정구역인 성으로 지정하지 않고 군 사령관을 행정장관으로 임명해 통치하도록 했다. 종주국만 일본에서 중국으로 바뀌었을 뿐 여전히 식민지 취급을 한 것이다.

　더구나 장제스의 국민당은 부패 집단이었다. 장제스가 있는 본토가 그 모양인데, 바다 건너 타이완에 파견한 국민당 관료는 어땠을까? 장제스가 파견한 타이완 신임장관 천이陳毅(1901~1972)는 특히 부정부패의 표상과도 같은 인물이었다. 그는 친일부역자의 재산을 몰수하는 방식으로 자신의 재산을 늘려 나갔다. 50년간이나 일본 통치 아래 있었던 타이완에서는 사실 웬만한 지위에 있던 사람은 친일부역자라고 일단 몰아치면 다 걸리게 되어 있는 형편이었다.

천이는 숨어 있는 친일부역자를 찾아낸다는 명분으로 곳곳에 비밀경찰을 풀었다. 이들은 평소 천이의 통치에 반감을 가지고 있거나 털어낼 재산이 많은 타이완인들을 친일부역자로 몰아 체포 구금했고 상당한 뇌물을 받은 다음에야 풀어 주는 식으로 재산을 불렸다.

본성인들은 중화민국 정부에 이러한 사정을 호소했지만 여기에 대한 장제스의 대답은 타이완 전역에 계엄을 선포하는 것이었다. 장제스는 변방의 외딴 섬에 불과한 타이완의 민심 따위엔 관심이 없었다. 그는 오히려 타이완을 대륙에서 벌어지고 있는 공산당과의 전쟁을 위한 보급창고처럼 취급했다. 결국 타이완에서는 중화민국 정부에 대한 실망과 불만이 거세게 일었다.

이 실망과 불만이 폭발한 것이 타이완 판 5·18이라 할 수 있는 '2·28 사건'이다. 이 사건은 1947년 2월 27일, 경찰의 횡포로부터 시작되었다. 당시 중화민국은 담배를 전매 독점품으로 삼아 민간인의 담배 판매를 금지하고 있었다. 그런데 타이베이의 린쟝마이^{林江邁}라는 노점상이 담배를 팔다 경찰에게 적발됐다. 경찰은 담배를 압수하고 벌금만 매기면 될 것을, 심하게 폭행했다. 이를 본 타이베이 시민들이 격분해 경찰에게 거세게 항의하자 경찰은 도리어 시민들에게 총을 쏘아 댔고 천원시^{陳文溪}라는 학생이 총에 맞아 죽었다. 이후 사태는 걷잡을 수 없이 커졌다.

2월 28일, 총에 맞아 사망한 학생의 소식을 듣고 분노한 군중이 발포 경관의 처벌을 주장하며 대규모 시위를 벌였다. 그러나 천이는 이 시위를 빌미로 타이베이 시에 임시 계엄을 선포했고 이에 격분한 시민들과 경찰이 충돌해 경찰 쪽에서도 사망자가 발생했다. 기다렸다는 듯이 천이는 군대를 풀어 시위대를 향해 기관총 세례를 퍼부었다. 수많은 시민이 목숨을 잃었다. 그러자 시위는 타이완 전역으로 확대되었다.

3월 2일, 타이완의 지식인들은 '2·28 처리위원회'를 구성한다. 그리고 담배 전매 폐지와 언론, 집회, 결사의 자유를 요구하는 성명서를 발표했다. 이 기세에 밀린 천이는 계엄의 해제, 발포 금지, 연행자 석방 등을 약속하면서 성난 민중을 진정시켰다. 하지만 이는 타이완 안의 병력만으로는 시민들을 진압하기 어려웠기 때문에 시간을 벌기 위한 수작이었다. 천이는 주민들의 요구를 들어주는 척하면서 몰래 장제스에게 군대를 보내 달라고 요청했다. 3월 8일, 대륙으로부터 중화민국군 21사단이 타이완으로 건너왔다. 이들은 타이완에 건너오자마자 곧바로 타이베이 시에 진입해 시위대에게 무차별 총격을 가했다.

이후 이들은 본성인 출신 지식인과 2·28 사건을 수습하고자 모였던 주민 대표자들을 체포한 뒤 대부분을 살해했다. 이어서 타이베이뿐 아니라 가오슝, 지룽, 타이난, 자이에 진입해 국민당에게 반항할 여지가 있는 지식인과 기개 있는 본성인들을 닥치는 대로 체포하고 살해했다. 이 학살은 3월 21일까지 계속되었는데, 단 2주 만에 중화민국군이 살해한 타이완인은 3만 명이 넘었다(아직까지도 희생자의 총 인원수는 파악되지 않고 있다).

장제스는 일본이 난징과 싱가포르에서 수만 명을 학살한 것을 비난

1947년 2월 28일, 성난 시위대의 모습

한 바 있다. 그런데 그는 타이완에서 전쟁 당사자도 아닌 민간인 수만 명을 학살했다. 게다가 이것으로 만족하지 않았다. 그는 '2·28 처리위원회' 인사들을 모두 체포해 대부분을 처형했다. 이로써 타이완은 중화민국(국민당)군에 의한 공포 통치 아래 들어간다. 타이완에서 민주주의를 말할 수 있는 지식인과 지도자들은 대부분 살해당하거나 감금당했다.

일제강점기가 끝나고 같은 민족임을 내세우며 들어온 중화민국 군경에 의해 저질러진 이 비극적인 사건은 이후 40년 동안 언급 자체가 금기시되었다. 하지만 제 나라 군대에 의해 수천 명이 목숨을 잃었던 우리나라 5·18이 그러했듯이, 이 사건의 진실을 알리고 후세에 남기려는 끈질긴 노력들이 이후 타이완 민주화 운동의 구심점 역할을 했다.

1988년 타이완의 민주화가 이루어지고 난 뒤에야 비로소 조사위원회가 구성되어 이 사건에 대한 진상조사가 이루어졌다. 그럼에도 2·28 사건으로 중화민국 군경에게 목숨을 잃은 타이완 사람들이 몇 명인지조차 아직 정확하게 집계되지 않고 있다. 다만 3만 명이 넘을 것이라는 추정치만 있을 뿐이다. 이 역시 우리나라의 5·18과 비슷하다.

"이 섬의 사람들은 불쌍하다. 일본인 다음은 중국인. 먹히고 밟히고 버림을 당한다."

이 비극적인 사건을 배경으로 하는 영화 〈비정성시悲情城市〉(1989)의 주인공 문웅의 대사가 당시 타이완 사람들의 심정을 그대로 보여 준다. 그러나 진짜 비극은 아직 시작도 하지 않았다.

1949년 장제스가 공산당과의 내전에서 패배할 것이 분명해졌다. 그리하여 장제스는 타이완에 중화민국 망명정부를 세워 내전을 계속하기로 결정한다. 2·28 사건으로 수많은 사람을 죽인 장본인이 이제는 아예 바다를 건너와 타이완을 직접 다스리게 된 것이다. 타이완 사람들이 자신을 좋아하지 않는다는 것을 알고 있었던 장제스는 타이완에서 다시 한번 대대적인 숙청을 자행했다. 이미 2·28 사건으로 자신들에게 반항할 만한 타이완 사람들을 거의 다 제거했음에도, 혹시 남아 있을 반항적인 인사들을 한 번 더 색출한 것이다.

1949년 5월 1일, 느닷없이 타이완 전역에 걸쳐 총호구 조사가 실시되었고, 5월 21일에는 난데없는 계엄령이 발표되었다(이 계엄령은 이후 38년간 해제되지 않았다). 계엄령을 근거로 수많은 사람이 잠재적인 공산주의자, 공산당과 협력할 가능성이 있는 위험 분자라는 이유로 체포되었다. 국공내전을 반대하거나 국민당과 공산당의 화해를 주장하거나 이념분쟁은 그만하고 먼저 민생을 개선하라고 요구하는 사람도 모두 공산당의 간첩이나 협조자로 간주되어 체포되었다. 이렇게 51년간 일본의 식민지였던 타이완은 가혹한 장제스 군사독재 아래 들어가게 되었다.

이렇게 반대 세력을 철저히 제거한 다음, 장제스는 국민당 고위 간부, 관료, 군대, 지지자들을 이끌고 타이완으로 건너와서 타이베이를 수도로 하는 중화민국 망명정부를 수립했다. 당시 장제스는 타이완에 정착할 생각이 없었고 타이완이란 나라를 유지할 생각도 없었다. 장제스의 생각은 타이완에서 전열을 수습한 뒤 다시 중국 본토를 회복하는 반공 전쟁을 수행하는 것이었다.

물론 중국 공산당, 즉 새로 건국된 중화인민공화국 역시 타이완으로 도망간 중화민국 정부를 마저 제거해 내전을 마무리 짓고자 했다. 이들은 국민당의 숨통을 끊기 위해 여러 차례 타이완 침공을 시도했다. 특히 1959년에는 중국 본토와 가까운 진먼다오金門島에서 치열한 교전을 벌였으나 수만 명의 전사자를 남긴 채 물러났다.

장제스는 이 전투를 빌미로 공산주의자들의 침략을 막아야 한다며 철권통치를 휘둘렀다. 타이완 본성인들에게는 더 이상 저항할 힘이 없었다. 원래 타이완을 세운 사람들은 청나라에 저항하던 기개 있는 한족의 후손들이지만 1895년부터 1915년까지 일본에 의해, 그리고 1947년에서 1949년 사이 중국 국민당에 의해 말끔히 학살당했다. 반항심과 자주독립정신이 조금이라도 엿보이면 목숨을 부지하기 어려웠다.

게다가 1950~1960년대는 동서 냉전 시대였다. 미국은 공산 진영에 맞서기 위해 타이완 하나만 남은 국민당 정부를 중국 정통정부로 인정하며 여전히 '중화민국'이라 불러 주었다. 미국과 서방세계는 장제스와 국민당이 타이완에서 행하는 강압적이고 잔혹한 독재정치를 반공을 위해 묵인했다. 이는 우리나라가 반공을 빌미로 독재정치를 정당화했던 것과 같은 논리다.

장제스의 통치는 가혹했다. 우선 국민당 이외에는 정당 설립 자체가 금지되었다. 타이완에서는 야당 탄압은커녕 1986년까지 아예 야당 자체가 금지되었다. 문자 그대로 일당독재다. 국민당은 어디까지나 대륙에서 건너온 외성인들의 정당이었다. 결국 인구의 3분의 2 이상을 차지하는 타이완 본성인은 자신들을 대변할 정당을 갖지 못했다.

당연히 총통(우리나라의 대통령) 선거도 장제스가 단독으로 출마해 체육관에서 박수와 함께 당선되는 한낱 격식에 불과했다. 언론의 자유도 없었다. 타이완 사람들의 목소리를 대변하는 기사나 글은 검열에 의해 삭제되었다. 수많은 신문, 잡지들이 몰래 유통되어야 했다. 심지어 고등학교에는 현역 군인들이 머무르며 학생들의 불온한 움직임을 감시했고 학생들의 문예 활동과 교지까지 일일이 검열했다.

이런 기구한 역사를 통해 타이완 본성인의 민족적 정체성은 매우 모호해졌다. 이들은 자신을 중화족(한족)이라고는 생각하지만 중국인이라고는 생각하지 않는다. 이런 중국에 대한 반감은 공산당의 중국 때문이 아니라 다름 아닌 국민당과 함께 들어온 외성인들, 즉 중화민국에서 비롯된 것이다. 이들에게는 국민당이나 공산당이나 모두 타이완을 좌지우지하려는 외부 세력이며 침략자에 불과하다. 중화민국은 이미 타이완을 침략해 수많은 사람을 죽였고 중화인민공화국은 그다음의 침략을 예고하고 있을 뿐이다.

민주화 이후 타이완 정부 역시 이런 정서를 고려해 각종 안내방송을 중국어로만 하지 않고 본성인들의 언어와 병행한다. 그래서 타이완에서 지하철을 타면 각 역에 정차할 때마다 안내방송이 중국어-민난어-하카어-영어의 순서로 나온다.

타이완은 어떻게
아시아에서 가장 민주적인 나라가 되었을까?

한때 대한민국은 아시아 민주정치의 모범이 되는 나라였다. 군사독재에서 민주화운동을 통해 민주정치를 정착시킨 나라는 세계적으로 얼마 되지 않는다. 아시아에서는 우리나라와 타이완 정도, 라틴아메리카에서는 칠레가 있을 뿐이다. 그 밖의 나라에서는 민주정부가 무너지고 다시 독재로 회귀하거나(타이) 혼란스러운 상황(인도네시아, 브라질, 리비아, 이집트 등)에서 오락가락하고 있다.

그런데 2008년부터 2016년 사이 우리나라의 민주정치가 정체되거나 퇴보하는 동안에도 타이완의 민주정치는 더욱 발전해 이제는 타이완이 아시아에서 가장 민주적인 나라가 되었다. 다음의 표는 우리나라와 타이완의 민주화 정도를 알아볼 수 있는 몇 가지 지표를 비교한 것이다.

	대한민국	타이완
광우병 반대 시위 대처	강경 진압, 원안 거의 유지	30개월 미만 쇠고기 수입으로 변경
원자력 발전소 반대 시위 대처	강경 진압, 공사 강행	공사 중단
양심적 병역 거부 대처	강제 입영, 형사 처벌	법적으로 인정, 모병제 실시
성소수자 대처	공식적 언급 없음	동성결혼 입법화 추진
언론 자유화 지수	32 (부분적 언론 자유국으로 분류)	25 (언론 자유국으로 분류)

현재 타이완은 완전한 언론 자유국으로 분류되는데, 아시아에서 완

전한 언론 자유국은 타이완과 일본뿐이다. 우리나라는 2008년 이후 계속 언론의 자유가 퇴행해 2016년에는 부분적 언론 자유국 수준으로 떨어지기까지 했다.

이러한 자유로운 언론 풍토는 정부가 여론에 민감하게 반응해 만들어 낸 결과다. 예컨대 2008년 미국산 쇠고기 수입 개방과 관련해서 우리나라와 타이완에서 모두 광우병을 우려하는 시위가 크게 일어났다. 그런데 타이완 정부는 30개월 미만의 쇠고기만 수입하도록 재협상을 한 반면 우리나라는 원안을 그대로 관철시켰다.

2014년 비슷한 시기에 우리나라, 타이완에서 모두 원자력 발전소에 대한 반대 여론이 일어났다. 우리나라는 고리원전 2호기에 대한 국민적인 불안이 높아졌고 반대 시위가 계속되었지만 재가동을 강행했다. 반면에 타이완은 국민들의 반대 여론이 높아지자 낡은 원자력 발전소 정도가 아니라 새로 짓고 있던 원자력 발전소를 공사 진척도가 90퍼센트인 상태에서도 폐쇄했다. 또한 타이완에서는 우리나라에서 아직까지는 금기시하는 양심적 병역 거부와 대체복무가 인정되며, 동성 간의 결혼을 합법화하는 입법이 논의되는 등 민주화 정도가 우리보다 앞서 있다.

1980년대까지 우리나라보다 훨씬 지독한 군사독재 아래에서 허덕였던 타이완이 어떻게 이렇게 아시아에서 손꼽히는 민주국가가 되었을까? 바로 끈질기고 영웅적인 민주화운동이 있었기 때문이다.

끝이 보일 것 같지 않던 타이완의 군사독재에 한 가닥 빛이 비친 것은 공교롭게 우리나라의 유신독재가 시작되던 1972년이었다. 당시 공산당과 맞서는 자유세계의 중국, 즉 자유중국을 자처하던 장제스에게 청천벽력 같은 사건이 일어났다. 미국의 닉슨 대통령이 중화인민공화국을 방문한 것이다.

그때까지만 해도 미국은 중화민국을 중국의 합법정부로 인정하고 있었고 본토를 차지하고 있던 중화인민공화국은 단지 공산중국, 즉 '중공'으로 취급했다. 그랬던 미국이 중화인민공화국을 중국의 유일한 합법 정부로 인정해 버린 것이다. 중공이 중국이 되었고, 중화민국은 단지 중국 영토인 타이완을 불법 점거한 세력으로 전락했다. 국제연합도 중화인민공화국을 유일한 중국 정부로 인정하는 결의안을 채택했다. 어제까지만 해도 중화민국 대표가 앉아 있던 중국 대표 자리에 중화인민공화국 대표가 앉게 되었다. 중화민국은 공식적으로 없는 나라가 되어 국제연합 회원 자격을 잃었고 각종 국제기구에서도 강제 탈퇴되었다.

각국 대사관도 추방당했다. 어제까지 중화민국 대사관이었던 곳이 하루아침에 중화인민공화국 대사관으로 바뀌었다. 미국은 그나마 국민당 정부가 공관 부지를 매각할 시간적 여유를 주었지만 상당수 나라에서는 쫓아내다시피 했다. 이들이 쫓겨난 자리에 중화인민공화국의 외교관들이 들어왔다. 현재 서울에 있는 중국대사관 역시 1992년 이전까지는 중화민국 대사관이라는 이름으로 타이완 외교관들이 사용하던 곳이다.

이렇게 국제사회에서 빠르게 밀려나면서 없는 나라 취급을 받기 시작하자 장제스는 크게 낙담해 병석에 누웠다. 장제스가 병석에 누운 1973년부터 그의 아들인 장징궈蔣經國(1910~1988)가 사실상 타이완의 통치자가 되었다. 그리고 장제스가 사망하자 장징궈가 6대 총통으로 취임했다. 북한에서나 있다고 생각한 세습 통치는 사실 타이완이 원조다.

장제스의 죽음은 민주화운동의 불씨가 다시 일어나는 계기가 되었다. 이를 주도한 사람들을 '당외파黨外派'라 부른다. 국민당 이외의 정당은 불법이었기 때문에 붙은 이름이다. 그나마 당외파의 정치 활동도 철저한 감시와 방해를 받았다. 당외파들이 모이면 불법 정당을 만들려고 했다고 몰려 체포되었다. 그래서 이들은 주로 출판, 문화 운동에 주력했다. 이들은 계엄에 반대하고 민주주의를 요구하는 인쇄물을 만들어 돌리며 국민들의 뜻을 모아 나갔다.

이 과정에서 당외파 지도자인 황신지에黃信介, 스밍더施明德 등이 만든 《메이리다오美麗島》 잡지사가 중요한 역할을 했다. 아름다운 섬이라는 이 잡지의 이름은 바로 타이완의 옛 이름 '포모사'를 뜻하며, 중화민국이 아닌 타이완의 독립을 염원하는 뜻이 담겨 있다. 정당 활동이 금지된 민주화 인사들이 이 잡지사를 중심으로 결집했고, 이 잡지사의 각 지국들이 사실상 지역당의 역할을 했다.

1978년 말 국회의원 보궐선거가 예정되었다. 당시 타이완의 국회의원은 임기가 없었다. 일단 의원이 되면 언제까지나 의원이었다. 그래서 총선거 따위는 실시하지 않았고, 사망이나 사퇴 등으로 빈자리가 생길 경우 보궐선거만 간간이 실시했다. 당외파 인사들에게는 이 몇 석 안 되는 보궐선거가 자신들의 주장을 펼칠 소중한 기회였다.

《메이리다오》는 국민당에 반대하는 무소속 후보들의 연결망이었다. 선거의 열기가 고조되었고 당외 인사들의 국회 입성이 눈앞에 보였다. 그러던 중 1978년 8월, 가오슝 지역 당외파의 주요 인사인 위덩파余登發와 그 아들 위루이옌余瑞言이 간첩 조작 사건에 연루되어 징역 8년을 선고받

왔다. 야권이 선거에서 선전할 조짐이 보이면 간첩 사건을 조작하는 모습은 우리에게도 매우 익숙한 모습이다.

이에 맞서《메이리다오》는 위덩파 부자의 석방과 민주주의를 염원하는 시위를 조직했다. 스밍더가 총책을 맡았고, 쉬신량許信良, 황신지에, 천쥐陳菊, 허춘무何春木, 장쥔훙張俊宏 등이 이 시위를 주도했다. 이들은 1979년 1월, 가오슝 현 챠오터우에서 위덩파 부자의 석방을 요구하는 대규모 시위를 벌였다. 상싱궈는 시위의 기세가 커지자 그 압력에 굴복해 위씨 부자를 석방했다.

이를 챠오터우 사건이라 부르는데, 국민당이 타이완에서 계엄을 실시한 이래 30년 만에 처음 발생한 반정부 시위운동이었다. 하지만 장징궈는 위덩파 부자를 석방하는 대신 계엄을 확대하고 보궐선거를 중단해 버렸다. 이제 당외파가 정치에 참여할 통로는 장외 시위밖에 남지 않았다.《메이리다오》를 중심으로 한 당외 세력은 거리에서의 민주 항쟁을 준비했다.

한편 극우 단체들이《메이리다오》잡지사의 일부 지사나 사무소를 공격하고 심지어 황신지에의 집에 불을 지르기까지 하는 등 테러가 기승을 부렸다. 하지만 이런 위협에 굴하지 않고《메이리다오》는 1979년 12월 10일, 가오슝에서 세계 인권의 날을 기념하는 대규모 시위를 열기로 결정했다.

2만 명 이상의 시민들이 모여들었다. 그런데 집회가 끝날 무렵 경찰이 심어 놓은 집회 방해꾼들이 고의로 경찰을 공격하면서 시위대를 흥분시켰고 이를 빌미로 경찰이 시위를 처참하게 무려 진압했다. 당국은 이 시위를 반란으로 규정하고 행사를 주도한 인사들을 군사재판에 넘겼다. 이것이 바로 '메이리다오 사건' 또는 '가오슝 사건'이라 부르는 사건이다. 국민당은 이 사건을 빌미로 당외파 주요 인사들을 거의 전부 체포했다. 이들은 1980년의 김대중과 마찬가지로 내란죄를 적용받아 10년 이상의 징역에서부터 사형까지 구형받았다.

하지만 민주화의 불씨는 꺼지지 않았다. 이번에는 이들의 가족과 이들을 변론하던 변호사들을 중심으로 민주 진영이 다시 형성되었고, 이들의 목소리가 국제사회에 큰 반향을 일으켰다. 국제사회로부터 거센 압력이 전해졌다. 특히 미국의 압력이 가해지면서 이들의 형량은 징역 6년, 12년, 그리고 무기징역 등으로 감형되었다.

이후 민주화 운동가들은 세력을 모아 국민당에 맞서기로 결정했다. 이들은 세력이 어느 정도 마련된 1986년 9월 28일, 타이베이의 위안산 호텔圓山大飯店에서 창당을 결의했다. 이것이 바로 타이완 역사상 처음으로 탄생한 야당인 민주진보당(민진당)이다. 물론 불법 정당이었지만 이미 세가 커진 이들을 국민당 정부는 어쩌지 못했다.

민진당은 민주주의와 타이완의 독립을 가장 중요한 강령으로 내걸었다. 타이완의 독립? 일제강점기도 아닌데 이런 용어를 사용하는 까닭은, 이들이 타이완을 중화민국(국민당)의 점령 아래 있는 것으로 보았기 때문이다. 민진당의 관점에서 보면 국민당의 중화민국이든 공산당의 중화인민공화국이든 모두 중국이지 타이완이 아니기 때문에 중국이 타이완을 무단 점령하고 있는 것이다.

국민당 이외의 정당은 불법이라는 법이 남아 있는 상태에서 이렇게 중화민국을 부정하고 타이완의 독립을 요구하는 정당이 세워지는 것을 국민당은 용납할 수 없었다. 국민당과 정부의 강경보수파 인사들은 메이리다오 사건 때처럼 무력을 동원해서 민진당을 진압해야 한다고 주장했다. 그런데 어찌된 일인지 장징궈는 사실상 민진당의 창당을 묵인했다.

장징궈의 이런 변화는 매우 이해하기 어렵다. 7년 전 메이리다오 사건 때만 해도 그는 민주화 인사들을 총살시키려 했다. 그런데 7년 만에 야당의 창당을 묵인할 정도로 태도가 바뀌었다. 사실 장징궈는 반공주의자였던 부친과 상극인 인물이다. 그는 젊은 시절 소련으로 유학을 가서 공산주의자가 되었으며, 소련 여성과 결혼했다. 그는 장제스가 친소련 노선에서 반공으로 노선을 바꾸자 아버지를 배신자라고 거세게 비난했다. 심지어 장제스가 상하이 쿠데타를 일으켜 국공합작을 깨고 국민당의 좌파를 몰아내자 부자간의 연을 끊기까지 했다.

더군다나 장징궈가 소련 유학 시절 사귄 절친한 벗이 바로 덩샤오핑이었다. 공교롭게도 이 두 친구가 비슷한 시기에 각각 중화인민공화국과 중화민국의 국가수반이 되었다. 이들은 마오쩌둥과 장제스의 대결을 친구 사이인 자신들의 통치 시기까지 끌고 갈 마음이 없었다. 덩샤오핑이 공산 통치를 완화하는 것과 장징궈가 반공 독재를 완화하는 정책이 거의 비슷한 시기에 이루어진 것은 우연이 아니다. 물론 이들은 많은 보수 강경 반대 세력에 둘러싸여 있었기 때문에 직접적인 대화를 나누기는 어려웠다. 그래서 싱가포르의 리콴유 총리를 중개인으로 삼아 험악한 양안관계兩岸關係(대만해협을 사이에 두고 서로 마주보고 있다고 하여 양안관계라고 칭한다)를 완화시켜 나갔다.

게다가 장징궈는 빠른 속도로 지워지는 타이완의 국제사회에서의 위상을 다시 세워야 했다. 더 이상 타이완이 중화민국이라는 이름으로 국제사회에서 중국의 정통정부 행세를 하는 것은 불가능했다. 타이완은 중국 본토 회복을 목표로 하는 나라가 아니라 타이완 섬과 부속 도서로 이루어진 나라로서 새로운 정체성을 세워야 했다. 하지만 이는 그동안 억압과 통제의 대상으로만 삼아 온 본성인과의 화해 없이는 불가능한 목표였다. 수만 명을 학살하고 수십 년간 철권통치를 했던 국민당 정권이 과거의 앙금을 풀고 본성인들에게 정통성 있는 정부로서 인정받는 것이 어디 쉬운 일이겠는가? 그래서 장징궈는 중요한 직위에 본성인 출신 인물들을 기용하면서 타이완의 통합을 꾀했다. 부총통인 리덩후이李登輝(1923~)부터 본성인 출신이었다.

경제적인 문제도 있었다. 1960년대까지만 해도 타이완은 공산주의와 맞서는 냉전의 전초기지로서 미국의 많은 지원과 특혜를 누리면서 경제를 성장시킬 수 있었다. 하지만 냉전이 끝난 이상 타이완은 스스로의 힘으로 경제를 일구고 경제력을 바탕으로 존립을 유지해야 했다. 때마침 덩샤오핑의 중국은 경제개방을 표방하면서 외국 자본의 투자를 유치하고 있었다. 이미 홍콩은 선전에, 싱가포르는 쑤저우蘇州에 자본을 투자하고 있었다. 여기에 타이완이 빠질 수는 없는 노릇이었다. 이는 장제스식의 강경 반공노선을 고수해서는 불가능한 일이었다.

장징궈가 야당인 민진당의 창당을 묵인한 배경이 이렇다 하더라도 민주화의 주요 공적은 용감한 타이완의 민주화 운동가들에게 돌아가야 한다. 가혹한 독재정권에 맞선 타이완 민주인사들은 끈질기게 저항했기 때문이다.

민진당은 창당과 동시에 참가한 1986년 선거에서 20퍼센트의 득표율로 선전하면서 정식 정당으로 자리 잡았다. 그러나 민진당은 여기에 만족하지 않았다. 그들의 궁극적인 목적은 계엄령의 해제, 그리고 총통의 직접선거제를 통한 타이완의 완전한 민주화였다. 따라서 이들은 원내 활동뿐 아니라 가두시위도 병행했다. 민진당은 계엄령 해제와 총통 직선세늘 요구하며 가두시위를 계속했다. 민심은 점점 민진당 쪽으로 기울었다. 이 과정은 우리나라의 6월 민주항쟁과 시기, 내용, 규모 면에서 매우 비슷하다. 마침내 장징궈는 1987년 7월, 공교롭게도 우리나라의 6·29 선언과 거의 비슷한 시기에 38년간이나 타이완을 군사독재로 얽어맸던 계엄령을 해제했다.

하지만 아직 총통 직선제가 남아 있었다. 민진당은 여전히 완전한 민주화를 촉구하며 시위를 계속했다. 이렇게 양측이 대치하고 있는 상황에서 장징궈가 갑자기 세상을 떠났다. 장징궈의 남은 임기는 부총통이던 리덩후이가 계승했다. 장징궈도 묵인했던 민진당의 활동을 본성인인 리덩후이가 억압할 리 없었다. 더구나 리덩후이는 총통이 되자마자 감춰둔 본심을 드러냈다. 이제 총통이 되었으니 더 이상 보수파인 척할 필요가 없었던 것이다.

리덩후이는 총통으로서 그동안 타이완에서 쉬쉬하고 숨겼던 2·28 참사를 공식적인 역사로 끌어냈다. 이 사건을 공개하면 국민당 수장이었던 장제스가 학살 범죄자라는 오명을 뒤집어쓰는 것을 피할 수 없으므로 국민당 내부의 반발이 있었다 그러나 리덩후이는 충통 지격으로

2·28 희생자 가족에게 사과하고 진상조사위원회를 발족해 2·28의 진실을 조사하고 기록을 남겼다. 그리고 사건 발생 50주년인 1997년에는 중화민국 정부 차원에서 타이완 국민들에게 이 사건에 대해 공식적으로 사죄하고 타이베이에 2·28 기념공원을 세워 이 참혹하고 부끄러운 역사가 반복되지 않도록 후세에 경계로 삼았다. 아직까지도 제주도 4·3이나 광주 5·18에 대한 정부의 사죄와 기념일 지정이 이념 갈등의 소재가 되고 있는 우리나라와는 상당히 다른 모습이다.

민진당 역시 '타이완독립강령'을 채택해 중국의 일부가 아닌 타이완으로서의 독립을 당의 중요한 정치목표로 선언했다. 이는 타이완 국민들의 호응을 받아 1992년 입법의원 선거에서 33퍼센트의 득표율을 기록했고, 1994년에는 수도 타이베이에서 사상 최초로 야당 출신 시장을 배출했다. 그가 바로 천수이볜陳水扁(1951-)이다.

이런 분위기에 묻어 무늬만 여당인 리덩후이 총통은 총통 간접선거제를 폐지하고 타이완 국민들의 오랜 숙원인 총통 직접선거제를 도입했다. 또 '공산당 축출', '대륙 수복' 등의 비현실적인 꿈을 버리고 '중국은 중국이고 타이완은 타이완'이라는 이른바 타이완 독립론을 내세웠다. 그 결과 국민당 보수 세력의 상당수가 탈당하기까지 했으나 이미 민진당 의원들이 원내에 상당수 진출해 있었기 때문에 대세를 거스를 수 없었다.

1996년 마침내 타이완 역사상 처음으로 총통 직접선거가 실시되었다. 중국은 타이완 독립을 주장하는 리덩후이의 당선을 막기 위해 대규모 군사훈련을 실시하면서 리덩후이가 당선되면 전쟁이라도 날 것 같은 분위기를 만들었다. 그러나 타이완 국민들은 리덩후이를 무난하게 총통

2·28 기념공원

으로 선출했다.

이 타이완 독립론은 흔히 알려진 것처럼 중국(중화인민공화국)으로부터의 독립을 말하는 것이 아니다. 중국은 애초에 타이완을 지배하지 못하고 있었기 때문이다. 리덩후이나 민진당에서 말하는 타이완의 독립은 타이완이 중화민국의 망명정부가 아님을 선언하겠다는 뜻이다. 리덩후이의 이런 행보를 더 이상 두고 볼 수 없었던 국민당은 마침내 리덩후이를 출당했다. 그러자 그는 '타이완 단결연맹'이라는 정당을 창당해 민주진보당의 외곽 지원 세력이 되었다.

그리고 2000년 총통 선거에서 마침내 인권변호사 출신의 천수이볜 타이베이 시장이 타이완의 총통으로 당선되었다. 장제스가 계엄령을 선포한 이래 51년이나 국민당 독재와 억압에 시달리던 타이완 본성인들이 마침내 자신들의 대표를 총통의 지리에까지 올린 것이다. 그래서 천수이볜 총통은 우리나라의 노무현 대통령과 자주 비교된다.

실제로 두 사람의 인생 역정은 비슷하다. 노무현 대통령이 세무 변호사로 안락한 삶을 누리다가 '부림사건'에서 억울하게 옥살이를 하던 민주화운동 세력을 변호하면서 인생이 바뀐 것처럼, 천슈이볜 역시 기업 고문 변호사로 안락한 삶을 누리다가 '메이리다오 사건'의 변호를 맡으면서 정치적으로 각성했다. 이렇게 리덩후이, 천수이볜을 거치면서 타이완의 민주화는 거의 이루어졌다.

1987년까지만 해도 아시아에서 가장 억압적인 군사독재 국가였던 타이완은 불과 10년 만에 아시아에서 가장 민주적인 나라로 변모했다. 심지어 국민당 같은 보수 세력조차 우리나라처럼 독재 시절을 미화하거나 회귀하려는 시도를 하지 못한다.

타이완은
중소기업의 나라일까?

흔히 우리나라는 대기업, 재벌 중심의 경제이고 타이완은 중소기업 중심의 경제라는 말을 한다. 그래서 타이완을 설명할 때 빠지지 않고 나오는 말이 '중소기업 강국'이다. 실제로 그런 말이 나올 만한 것이 타이완 기업의 98퍼센트가 중소기업이고, 타이완 노동자의 76퍼센트가 중소기업 직원이다. 게다가 이 중소기업들은 자그마한 영세기업이 아니다. 대체로 특정 분야에 특화된 기술을 보유하고 있는 기업들로, 특히 부품 종류를 잘 만든다. 그래서 타이완을 세계의 부품 창고라고 부르기도 한다.

그런데 타이완의 이름난 기업들이 딱히 중소기업이라고 불릴 만큼 규모가 작은 것은 아니다. 에이수스, 티에스엠시TSMC 같은 기업은 각종 전자 부품을 생산하는 기업들로, 삼성전자 같은 기업에 비하면 작아 보이겠지만 실제로는 대단히 큰 기업들이다. 자이언트 같은 자전거 회사는 매출액이 2조 원이 넘는 엄청난 기업이다(참고로 우리나라 삼천리자전거의 연간 매출액은 1,000억 원대이다).

그럼에도 타이완을 중소기업의 나라라고 부르는 이유는 타이완의 대기업들이 대부분 중소기업에서 성장한 기업들이기 때문이다. 다이완

기업가들은 기술이 있으면 창업을 하고 작은 회사를 키워서 대기업으로 만들고 그러다가 망하면 다시 작은 기업을 세워서 처음부터 시작하는 구조에 익숙하다. 또 정부 역시 중소기업을 중심으로 기업이 성장하는 선순환 구조를 적극적으로 지원한다.

이런 타이완의 중소기업 정신을 가장 잘 보여 주는 분야가 요식업 분야다. 타이완의 유명한 야시장에 가면 미래의 대형 레스토랑을 꿈꾸는 수많은 젊은이가 손수레 하나 정도의 작은 노점을 차려 놓고 치열하게 경쟁하는 모습을 볼 수 있다. 딘타이펑, 공차 같은 세계적인 요식업 브랜드들의 출발점은 모두 야시장 노점이었다.

이러한 중소기업 중심의 활발한 창업 경제를 통해 타이완은 아시아 네 마리 용의 하나로서 눈부신 경제성장을 거듭해 왔다. 1997년 우리나라가 국제통화기금 위기로 고생할 때도 타이완은 건재했다. '세계 경제의 모범생'이라고 불릴 정도로 건실한 경제를 자랑하고 있는 것이다.

현재 타이완은 경제 모범생답게 구매력 평가PPP 기준 1인당 국민소득이 일본보다 높고 독일과 맞먹는 등 아시아에서는 손꼽히는 선진국이다. 또 세계의 웬만한 전자제품은 껍데기를 벗기면 알맹이는 다 '메이드 인 타이완'이라는 말이 나올 정도로 첨단 전자산업이 발달했다. 게다가 자료조사기관인 인덱스문디Indexmundi가 발표한 2016년 빈곤율이 1.5퍼센트에 불과할 정도로 소득 분배도 비교적 공정하게 잘 이루어져 있다. 이 모든 것들이 활발한 중소기업의 네트워크에서 비롯되었다.

그런데 타이완이라고 해서 아무 문제가 없는 것은 아니다. 특히 중소기업을 기반으로 하는 창업 경제의 선순환이 흔들리면서 타이완 경제의 장점인 소득의 고른 분배가 흔들리고 있다. 빈곤율이 1.5퍼센트대라는 것은 우리나라가 16퍼센트라는 점과 비교하면 놀라운 수치이지만 몇 년 전만 해도 타이완의 빈곤율이 1퍼센트였음을 고려하면 상당히 증가한 것이다.

그 원인으로 마잉주馬英九(1950~) 정권의 무모한 양적 완화(통화량 확대) 정책과 중국과의 지나친 경제 밀착을 꼽는 경우가 많다. 중국과의 경제 교류가 활발해지자 타이완의 힘이었던 수많은 공장이 저렴한 인건비를 찾아 중국으로 옮겨 가 버렸다. 이렇게 중국으로 공장을 옮긴 기업주들은 중국에서 벌어들인 돈을 중국에서 다시 공장을 늘리는 데 쓰면서 타이완에 재투자하지 않게 되었다.

기업주의 이익 증가가 타이완에서 선순환이 되지 않자, 타이완 노동자들의 임금이 6년간 제자리걸음을 걷는 등 소득 정체 현상이 나타났다. 더 나쁜 것은 중국에서 벌어들인 돈으로 자본가들이 고용을 늘리거나 임금을 인상하는 것이 아니라 부동산 투기를 일삼았다는 것이다. 그 결과 타이베이를 중심으로 집값과 월세가 폭등했고, 이는 다시 물가 인상으로 이어졌다. 임금은 제자리인데 집값과 물가만 오르자 성난 타이완 청년들이 입법원(국회)을 점거하면서 격렬하게 항의하기도 했다.

이들의 항의는 2016년 1월 선거로 폭발해 집권 여당 국민당을 참패시켰다. 젊은이들은 투표를 하기 위해 여섯 시간이나 버스를 타고 귀향하고 심지어 유학생이 비행기를 타고 돌아오는 등 국민당 정권을 철저히 응징했다. 그 결과 민진당의 차이잉원蔡英文(1956~) 후보가 압도적인 차이로 당선되었다. 게다가 사상 처음으로 민진당이 입법원의 과반수 정당이 되었다. 정권교체가 이루어진 것이다. 과연 민진당은 타이완 특유의 중소기업 창업 정신을 되살려 각종 외신으로부터 '한때 막강했던' 경제라는 평가를 받는 타이완을 다시 막강한 경제로 되살려 낼 수 있을지 두고 볼 일이다.

타이완은
아직도 중화문화권일까?

타이완이 중국과 다른 나라라는 것을 인정하는 사람들도 타이완을 중화문화권에 포함시키는 것은 당연하다고 생각한다. 하지만 오늘날 타이완 젊은이들 중 상당수가 이 역시 부당하다고 생각한다. 중국 문화는 중국 문화이고, 타이완 문화는 타이완 문화라는 것이다.

　실제로 타이완의 문화는 중국과 다르며, 홍콩, 싱가포르 등 다른 중화권과도 상당히 다르다. 타이완 원주민뿐 아니라 한족들조차 자신들의 문화가 중화문화가 아닌 타이완 고유의 것이라 생각하는 사람이 많다. 현재 타이완 사람들 중 자신을 중국인이라고 생각하는 사람은 7퍼센트 정도에 불과하며, 심지어 중화인이라고 생각하는 사람도 33퍼센트 정도다. 나머지 60퍼센트는 자신을 중국도 중화도 아닌 타이완인이라고 생각하고 있다.

　타이완 국민들은 국민당 독재정권으로부터 38년간이나 중국 대륙을 국토지리로 배우고 중국의 역사를 국사로 배워야 했다. 하지만 민주화 이후 타이완 정부는 의도적으로 타이완 섬 고유의 지리, 역사, 문화에 대한 연구와 교육을 지원하고 학생들에게 가르치고 있다. 특히 원주민 문화를 부쩍 강조하고 있다.

국민당 독재정권은 타이완 원주민을 정당한 주민으로 인정하지 않고 동화시켜야 할 야만족으로 취급했다. 심지어 '타이완 원주민'이라는 용어노 쓰시 놋하게 하며 그저 '고산족'이라고 불렀다. 하지만 민주화 이후 1994년 고산족 대신 '타이완 원주민'이라는 용어가 자리 잡게 되었다.

타이완 원주민 문화는 민속촌 같은 곳에서나 볼 수 있는 게 아니라, 지금도 타이완 문화 곳곳에 스며들어 있다. 특히 대중음악에서 타이완 원주민 문화의 영향이 매우 강하게 나타난다. 국민당 시절 타이완의 국민가수가 전형적인 한족의 노래를 불렀던 덩리쥔鄧麗君이라면 21세기 타이완의 국민가수는 원주민 창법과 선율을 활용한 독특한 음악을 선보인 장후이메이張惠妹(아메이)다. 실제로 아메이는 타이완 원주민 아메이족 출신임을 강조하는 예명이다.

이렇게 원주민 문화와 한족의 문화가 융합된 바탕 위에 일본 문화가 교묘하게 섞여 있다. 음식만 해도 팥을 사용하는 각종 디저트가 발달했고 국물에 가다랑어를 가공한 가쓰오부시를 활용하며, 지하철역마다 초밥집이 들어서 있는 등 일본 요리가 녹아들어 있다. 또 만화, 미니어처, 프라모델(Plastic Model의 일본식 줄임말) 같은 일본의 서브컬처Subculture(하위문화, 부차적 문화)도 일본 못지않게 발달했다. 특히 타이베이의 명동에 해당하는 시먼西門 거리는 그 분위기가 일본의 하라주쿠를 연상시킨다. 우리

타이완 르카이족

나라 관광객들이 타이완에 가면 우리나라와 비슷해서 외국 같지 않게 느끼는 까닭도 사회 곳곳에 일본 문화의 흔적이 남아 있기 때문이다.

한편 타이완은 동남아시아와 중국의 다리 역할을 하는 곳이다. 특히 많은 동남아시아인이 일자리를 찾아서 타이완에 건너와 있다. 타이완 남자와 결혼한 동남아시아 출신 여성만 해도 20만 명이 넘을 정도다. 따라서 타이완의 문화는 기존의 중국 문화와 일본 문화, 원주민 문화가 섞인 데다 동남아시아 등 열대 문화가 융합된 독특한 문화다. 물론 이 모든 것들의 기본 바탕은 중국 문화지만 다른 다양한 문화 요소가 위화감이 느껴지지 않게 적절히 융합되어 독특한 '타이완 문화'가 되었다. 이는 중국, 인도, 말레이 문화가 서로 영역을 정해 두고 공존하는 싱가포르와는 상당히 다른 모습이다.

국제 미아와 경제 모범생의 갈림길에서 타이완은 어디로 갈까?

1988년 이후 타이완은 억압적인 군사독재국가에서 자유롭고 민주적인 나라로 바뀌었다. 경제 역시 착실하게 발전해 저렴한 노동력을 활용한 중저가 가공무역 국가에서 최첨단 정보통신 산업 국가로 변모했다.

그렇다고 타이완이 마냥 장밋빛 길을 걷기만 한 것은 아니었다. 민주적인 정권교체를 이루어 낸 민진당과 천수이볜 총통이 다이완의 녹립이라는 명분에 지나치게 집착해 중국과의 관계가 험악해졌고, 그 탓에 2000년대 들어 세계 경제성장의 엔진 역할을 한 중국 시장을 제대로 활용하지 못해 경제가 침체되었다.

그동안 타이완과 중국은 서로를 묵인하면서 경제적으로는 교류를 하고 있었다. 타이완은 중국의 넓은 시장과 노동력을 이용할 수 있었고, 중국은 타이완으로부터 기업 경영의 노하우와 풍부한 원천기술을 배울 수 있었기 때문이다. 이는 타이완은 군이 독립을 주장하지 않고, 양측은 군이 통일을 주장하지 않으며, 무력을 사용하지 않는다는 '3불정책三不政策'을 바탕으로 하고 있었다. 이는 지극히 현실적인 판단이다. 타이완이 중화민국으로서 중국 본토를 수복한다는 것은 불가능하며, 중국이 타이완을 점령하는 것도 국제정치의 역학상 불가능하다.

그런데 천수이볜은 취임하자미자 '타이완 독립'을 전면에 내세웠다. 이는 중국 본토(중화인민공화국)와 중화민국(타이완의 국민당)의 주장을 모두 부정한 것이다. 즉, 중화민국 헌법 대신 타이완 헌법을 제정하고 완전히 다른 나라가 되겠다는 것이다.

천수이볜의 이런 과감한 주장은 본성인들조차 당황하게 만들었다. 물론 국민당의 압제에 시달린 타이완 본성인들은 중국이라는 이름만 들어도 지긋지긋하다. 하지만 이들은 천성이 상인인 민족이다. 시장을 개방한 중국 본토의 광활한 기회가 열리고 있는데 공연히 정치적 분란을 일으켜 그 시장으로 가는 문을 닫을 이유는 없지 않은가? 본성인들이 원하는 것은 중국 본토 회복이라는 비현실적인 목표를 내걸고서 타이완에서 저질러진 군사독재를 끝내는 것이지, 중국과 정치적 마찰을 일으켜 타이완을 위태롭게 하는 것이 아니었다.

더 큰 문제는 천수이벤이 타이완 사람들 간의 대립과 골을 깊게 했다는 것이다. 2,300만 타이완 국민이 모두 본성인인 것은 아니다. 그들 중에는 400만 명이라는 적지 않은 외성인들도 있다. 이들은 타이베이와 타이완 북부의 신베이, 신주, 타오위안, 지룽 등에 주로 거주한다. 한편 이곳에 거주하는 본성인들 역시 중국 본토와 관련된 크고 작은 사업을 하는 사람들이 많기 때문에 중국과의 관계가 적절하게 유지되기를 바란다.

그런데 가오슝을 중심으로 한 남부 지방은 사정이 달랐다. 이 지역은 본성인이 주로 거주하며 중국인보다는 타이완 사람이라는 정체성이 강하다. 그래서 남부 지방 사람들은 천수이벤의 타이완 독립선언을 적극적으로 지지했다. 결국 타이완은 마치 우리나라 영호남처럼 남부와 북부 간의 지역감정의 골이 심하게 패기 시작했다.

하지만 역시 문제는 경제였다. 1990년대까지 세계경제의 모범생이라 불리던 타이완의 경제성장이 정체되었다. 중국이 시장경제로 변모할 때 세계 어느 나라보다도 유리한 조건으로 진출할 수 있었던 타이완은 중국과의 관계가 험악해지면서 이를 제대로 활용하지 못했다.

그러는 동안 타이완 기업들은 저렴한 노동력을 찾아 공장을 중국 본토로 하나둘 옮겨 갔다. 공장과 일자리는 본토로 떠나가는데, 정작 본토 시장을 공략할 방안은 제대로 찾지 못했다. 결국 타이완의 경제는 장기침체에 빠지게 되었다. 이렇게 양안관계가 험악한 틈을 타서 우리나라가 중국시장을 선점했고, 2005년에는 1인당 국민소득에서 우리나라가 타이완을 앞지르는 역전이 일어났다. 이는 자신들이 아시아에서 일본 나음이라고 굳게 믿고 있던 타이완 사람들에게 큰 충격을 주었다. 타이완의 경제성장률은 거의 제로에 머물렀다.

그 결과 2008년 총통 선거에서는 중국과의 양안관계 개선과 이를 통한 경제성장을 공약으로 내세운 국민당의 마잉주가 총통으로 당선되었다. 무늬만 국민당인 리덩후이를 제외하면 사실상 20년 만에 '중화민국'이 '타이완'을 몰아내고 정권을 되찾은 셈이 된다.

마잉주는 중국과 일종의 자유무역협정FTA이라고 할 수 있는 '양안협정'을 맺으며 중국과의 밀월관계를 통해 경제성장을 꾀했다. 처음에는 중국의 거품경제에 편승해 잘되는 것 같았지만, 중국 경제의 거품이 빠지면서 타이완 경제도 덩달아서 거꾸러졌다. 중국에 대한 의존도가 지나치게 높아지고 있다는 우려의 목소리가 높아졌다. 해마다 300만 명의 중국 관광객을 유지해 상당한 수입을 올리긴 했지만, 중국인 관광객들의 모습을 확인한 타이완 사람들은 심지어 국민당 지지자들조차 중국인과 자신들이 얼마나 다른지를 실감나게 확인했을 뿐이었다.

그 결과 중국 의존도를 낮추고 동남아시아와 중화권의 다리로서의 위치를 다시 살려야 한다는 목소리가 높아졌다. 중국과의 관계가 밀접해지면서 얻은 것이라곤 부동산 가격의 폭등과 나날이 치솟는 실업률이라는 것이다. 이는 2016년 선거에서 타이완의 독립을 주장하는 차이잉원을 총통으로 당선시키는 결과로 나타났다.

이제 타이완의 가장 큰 문제는 국제사회에서 하나의 독립국가로서 위상을 세우는 일이다. 이 위상을 세우지 못하면 타이완은 자유무역협정을 통한 국가 간 협력이 강화되고 자유무역 블록이 형성될 때 고립될 수 있다. 실제로 타이완은 양안협정 외에는 이렇다 할 자유무역협정을 체결하지 못하고 있다. 그 양안협정도 청년들의 반발 때문에 절반 정도에서 중단된 상태다. 이는 수출로 먹고사는 타이완의 수출 침체로 이어져서 미래를 어둡게 만들고 있다.

　타이완이 국제사회에서 다른 독립 국가들처럼 각종 협의에 참석하고 국제기구에 가입하는 일은 결코 쉽지 않다. 어떤 국제기구에 타이완이 가입하기만 하면 중국이 입력을 행사하기 때문이다. 하지만 타이완의 미래는 바로 여기에 달려 있다고 해도 지나친 말이 아니다. 타이완이 이 난관을 어떻게 극복할지 앞으로 계속 지켜볼 일이다. 현재 타이완의 미래는 낙관도 비관도 할 수 없는 모호한 상황이다. 중국인도 타이완인도 아닌 그들의 모호한 정체성처럼.

타이완에서
조심해야 할 것들

● 큰 소리

흔히 중국 사람들은 시끄럽다고 한다. 하지만 타이완은 중국이 아니다. 어떤 면에서 보면 타이완 사람들은 중국어를 사용하는 일본 사람과 같다. 일본 문화가 청결과 정숙으로 정리된다면 타이완도 그렇다. 만약 지하철과 같은 공공장소에서 일행과 큰 소리로 이야기하거나 박수 치며 웃으면 주변 수십 개의 눈이 한꺼번에 모여드는 경험을 하게 될 것이다.

● 중국

타이완 사람들은 기본적으로 다정하고 친절하다. 드라마를 봐도 우리나라와 달리 도대체 악역이라고는 등장하지 않는다. 하지만 순한 타이완 사람들이 돌변하는 주제가 바로 중국이다. 타이완 사람들은 절대 중국인이 아님을 명심해야 한다. 중화권이라는 폭넓은 말은 그럭저럭 통하지만 그렇다고 그들이 즐겨 사용하는 것은 아니다.

● 흥정

다른 중화권 나라, 그리고 동남아시아와 달리 타이완 사람들은 흥정을 좋아하지 않는다. 그래서 야시장 노점상조차 깨알같이 가격표를 붙여 놓는다. 그들에게 깎아 달라고 흥정을 시작하면 몹시 당황해하는 모습을 볼 수 있을 것이다. 흔히 타이완을 '깔끔한 중국'이라고도 하고 '물가가 싼 일본'이라고도 하는데, 이런 모습은 천생 일본인의 그것이다.

• 주취

타이완은 우리나라처럼 술에 관대하지 않다. 밤늦게까지 2차, 3차를 하며 술자리가 이어지는 경우가 드물다. 그러니 공식적인 만남이나 아직 친밀한 사이가 아닌 사람과의 만남에서 술 취한 모습을 보여 준다면 인격을 의심받을 수 있다.

• 횡단보도

깔끔하고 평화로운 타이완인들이 야수로 돌변하는 장소다. 타이완은 스쿠터가 한 명당 한 대씩 있을 정도로 스쿠터 천국이다. 그러다 보니 자동차를 운전할 때도 스쿠터를 몰던 습관이 튀어나온다. 횡단보도에서 자동차가 보행자 사이를 비집고 지나가는 당황스러운 경험을 할 수도 있다. 보행자는 보행자대로 빨간불이건 파란불이건 사람이 적당히 모이면 건너가는 경우가 많다. 타이완의 횡단보도는 늘 주의해야 한다.

• 설 연휴

설 연휴 기간을 이용해 타이완을 여행하려는 사람들은 유의해야 한다. 타이완의 설은 그야말로 최대의 명절이기 때문에 가게는 문을 닫고 관광지는 사람으로 미어터진다. 더구나 타이완의 설 연휴는 설날 전후 이틀씩 쉬기 때문에 주말까지 포함하면 짧으면 7일, 길면 9일간 계속된다.

• 건물

타이완은 태풍과 지진이 잦기 때문에 건물을 꾸미는 데 별로 투자를 하지 않는다. 그래서 대부분 건물의 겉모습이 우중충하고 꾀죄죄하다. 그렇다고 가난한 나라라고 착각하면 안 된다. 건물 내부는 겉모습과 딴판이기 때문이다. 참고로 건물뿐 아니라 타이완 사람들 자신도 겉모습에 크게 투자하지 않아서 옷차림은 우리나라와 비교하면 몹시 꾀죄죄하다. 물론 그렇다고 그들을 가난뱅이 취급했다가는 큰코다친다.

중국이면서도 중국이 아닌 도시,

홍콩

2014년 10월, 홍콩香港의 거대한 민주화 시위가 가을을 온통 노란빛으로 물들였다. 이 장면을 보면서 많은 사람들은 혹시 중국의 강경 진압으로 대규모 유혈 사태가 빚어지지 않을까 가슴을 졸였다. 실제로 중국은 1989년 베이징에서 민주화를 요구하며 모인 수십만 명에게 발포해 무수한 희생자를 낸 전력이 있기 때문이다.

그런데 홍콩에서는 그런 일이 일어나지 않았다. 총격은커녕 곤봉조차 등장하지 않았다. 시위대가 한 달이 넘게 거리를 차지하고 있었지만 경찰은 그저 경계선만 지킨 채 바라볼 뿐이었다. 게다가 그 경찰은 중국 경찰이 아니라 별도의 홍콩 경찰이었다. 분명히 홍콩은 중국 영토로 되어 있는데, 어째서 중국은 홍콩에서 공권력을 제대로 사용하지 못하는 것일까?

이상한 일은 그것뿐이 아니다. 중국인이 홍콩을 여행하려고 하면 웬만한 입국 심사보다 더 까다로운 절차를 거친다. 오히려 중국인보다 한국인이 홍콩에 드나들기 더 쉽다. 중국 경찰이 공권력을 행사하지 못하고, 중국인이 외국인보다도 입국하기 더 어려운, 그런데도 중국 영토라고 규정되어 있는 홍콩의 정체는 도대체 무엇일까? 중국의 도시일까 아니면 독립된 나라일까?

일단 홍콩의 공식적인 명칭은 '중화인민공화국 홍콩특별행정구'이다. 중국 영토인데도 중국의 법이 아니라 '홍콩특별행정구 기본법(이하 홍콩 기본법)'의 적용을 받는 구역이다. 이를 중국 헌법에서는 '일국양제' 즉, 한 나라 안의 두 제도라 일컫고 있다(제31조). 이 원칙에 따라 홍콩에는 중국 헌법과 법률이 효력을 미치지 않고, 홍콩만의 국기를 따로 사용하며 여권과 신분증 또한 별개로 사용한다. 심지어 행정부, 입법부, 사법부도 녹자적으로 운영한다. 독자적인 군대를 보유할 수 없을 뿐 독립국가나 다름없는 지위를 누리고 있는 셈이다. 덕분에 홍콩은 중국 본토에서라면 상상도 할 수 없는 각종 기본권과 언론의 자유를 보장받고 있다.

다만 이러한 자유와 권리를 홍콩에 사는 모든 사람이 누리는 것은 아니다. 영구 주민에 한해 선거권, 피선거권 등 민주주의 국가에 허락된 자유와 권리를 누릴 수 있다. 영구 주민은 홍콩이 중국 영토가 된 1997년 이전부터 홍콩에 거주하고 있었거나 홍콩에서 태어난 사람이다. 따라서 중국인이 홍콩에서 자녀를 출산하면 그 자녀는 홍콩 영구 주민의 자격을 얻어 홍콩 여권을 사용하고 중국 법률의 적용을 받지 않는다.

그렇다면 홍콩은 독립국가일까? 그렇지는 않다. 중국은 홍콩이 자국 영토라는 것을 상싱하기 위해 인민해방군을 파견해 주둔시킨다. 하지만 홍콩 기본법에 따라 인민해방군은 홍콩 행정, 치안에는 전혀 관여하지 않고 홍콩법을 준수할 의무가 있다. 다만 홍콩을 다른 나라가 침공할 때는 인민해방군이 홍콩을 방어하도록 되어 있다.

홍콩은 정치적 지위뿐 아니라 지리적 규모로도 도시와 나라 사이의 애매한 위치에 있다. 흔히 홍콩을 "도시라고 하기에는 니무 크고, 나라라고 하기에는 너무 작다."라고 말한다. 홍콩의 면적은 1,104제곱킬로미터로 서울보다 훨씬 크다. 서울, 용인, 성남, 고양을 모두 합쳐야 홍콩 정도의 규모가 된다. 하지만 상주인구는 720만 명으로 서울의 60퍼센트에 불과하다. 서울, 용인, 성남, 고양의 인구를 모두 합치면 무려 1,500만 명임을 감안한다면 실제로 홍콩의 인구밀도는 우리나라 수도권의 절반에 불과하다.

홍콩에서 가장 인기 있는 스포츠는 등산이다?

홍콩에서 등산을 한다? 우리가 알고 있는 홍콩의 이미지로는 상상하기 어렵다. 우리 머릿속 홍콩의 이미지는 언제나 인파로 넘쳐 나는 빽빽한 도로와 카메라를 세로로 세워도 다 들어오지 않는 초고층 빌딩들이 빈틈없이 들어찬 풍경이기 때문이다. 밤이 되면 이 빽빽하고 북적이는 거리에 화려한 네온등이 반짝이고 진열창에 늘어선 상품들이 고객들을 유혹한다. 길모퉁이 하나 돌 때마다 쇼핑몰이 나타난다.

　물론 홍콩에는 이런 풍경이 흔하다. 특히 쇼핑몰은 정말 많다. 하지만 홍콩에 이런 풍경만 펼쳐져 있다고 생각하면 오산이다. 홍콩의 풍경은 의외로 다채롭다. 심지어 지역에 따라 다른 나라처럼 느껴지기까지 한다. 예를 들면 우리나라 강원도처럼 첩첩산중을 느낄 수 있는 등산 코스도 얼마든지 있다.

그럼 홍콩을 구역별로 나누어 살펴보자.

홍콩 섬

홍콩은 크게 홍콩 섬, 주룽九龍 반도, 신계, 란터우 섬, 기타 부속 섬으로 나뉜다.

그중 영국이 처음으로 청나라로부터 할양받은 땅이 바로 홍콩 섬이다. 그래서 홍콩 섬은 홍콩에서 가장 영국적인 곳이기도 하다. 그런데 홍콩 섬 전체의 풍경이 똑같은 것은 아니다. 홍콩 섬은 크게 성완, 센트럴, 완차이灣仔, 코즈웨이베이Causeway Bay, 홍콩 섬 남부 지역으로 나눌 수 있다.

이 중 가장 화려한 곳은 센트럴이다. 여기에는 세계 굴지의 다국적 기업의 아시아 법인 본사, 거대한 금융회사들이 입주해 있다. 하늘이 보이지 않을 정도로 초고층 빌딩들이 빽빽하게 들어차 있고 유난히 백인들이 많이 돌아다니는 곳으로, 홍콩이 뉴욕, 런던과 더불어 세계 3대 중심 도시라는 것을 체감할 수 있는 곳이다. 밤이 되면 숨 막힐 정도로 아름다운 야경이 펼쳐지는 곳도 바로 센트럴이다.

코즈웨이베이는 홍콩 최대의 쇼핑 구역이다. 타임스퀘어를 비롯해 거대한 쇼핑몰들이 빼곡히 들어차서 구역 전체가 하나의 거대한 쇼핑몰을 연상시킨다. 특히 주말 저녁이 되면 홍콩 젊은이들이 모두 여기에 모였나 싶을 정도로 많은 젊은이가 이 일대를 가득 채우곤 한다. 우리나라 여성들에게도 인기가 많아서 홍콩에 갈 일이 있으면 반드시 들러야 하

● 신계　● 주룽　● 홍콩 섬　● 란터우 섬

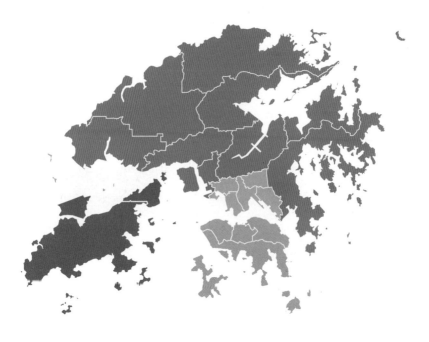

홍콩의 지역 구분

는 곳이 되었다.

완차이는 홍콩의 역사를 간직한 지역이다. 지금도 역사 보존 지구로 지정되어 1842년 당시의 모습이 많이 남아 있다. 길도 꼬불꼬불하고 그 위로 전차와 자동차들이 마구 엉켜 있어서 어수선한 분위기지만 오랜 세월의 향수를 느낄 수 있으며, 홍콩의 오래된 건물들을 구경할 수 있는 곳이기도 하다.

그런데 지금까지 소개한 시역은 모두 홍콩 섬 북쪽이다. 홍콩 섬 가운데는 빅토리아 피크Victoria Peak 등의 산이 가로막고 있는데, 이 산을 경계로 남쪽은 북쪽과 분위기가 전혀 다르다. 남쪽은 마천루로 채워진 도시 구역이 아니라 한가한 녹지대로 이루어져 있다. 심지어 홍콩 섬 남쪽으로는 지하철, 전철도 다니지 않는다. 그래서 이쪽으로는 각종 해수욕장과 부자들의 별장 구역으로 유명한 리펄스베이Repulse Bay, 외국인들의 별장이 모여 있는 스탠리Stanley, 거대한 놀이공원인 오션스 파크가 자리잡아서 혼잡하고 빽빽한 홍콩 섬의 숨통 역할을 하고 있다.

주룽

홍콩 섬과 마주하고 있는 반도다. 그런데 주룽 반도 전체를 주룽이라 부르지는 않는다. 바운더리 거리를 경계로 남쪽은 주룽, 북쪽은 신계라 부른다. 즉 주룽은 정식으로 영국 영토가 되었던 구역, 신계는 중국이 영국에게 99년간 빌려 주었던 구역이다.

주룽은 크게 침사추이尖沙咀, 몽콕旺角, 야우마테이油麻地 등이 지역으

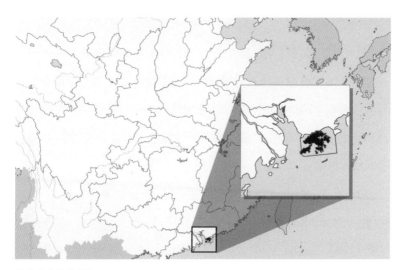

중국 내 홍콩의 위치

로 나뉜다. 침사추이는 홍콩 섬과 함께 영국 식민지의 가장 초창기 역사를 공유하는 곳이다. 과거에는 기차역이 있어서 중국 대륙 곳곳에서 모여든 상품들이 이곳에 모였고, 반대로 영국 상인들의 상품은 이곳에서 중국 곳곳으로 팔려 나갔다. 특히 1950~1960년대 홍콩의 비약적인 경제 성장의 주 무대가 되었던 곳이 바로 침사추이다. 그래서 침사추이를 세로로 가르는 네이선 거리Nathan Road를 황금의 1마일이라고 부르기도 했다.

오늘날에도 침사추이는 여전히 상업 중심지다운 모습을 보여 주고 있다. 센트럴의 마천루가 거의 비즈니스, 금융 시설이라면 그에 못지않게 마천루를 이루고 있는 침사추이의 빌딩들은 쇼핑몰과 고급 호텔들이다. 화려한 네온 불빛으로 울긋불긋하게 물든 침사추이 번화가는 거의 홍콩을 상징하는 풍경이 되었다. 특히 하버시티, 1881 헤리티지 같은 쇼핑몰은 끝이 보이지 않을 정도로 거대하고, 광둥로를 따라 늘어선 수많은 명품상점은 옆을 지나가는 것만으로도 눈이 부실 정도다.

침사추이가 화려하고 사치스러운 쇼핑 구역이라면 몽콕, 야우마테이는 서민적이고 활기찬 쇼핑 구역이다. 원래 이 지역들은 신계가 개발되기 전에는 홍콩의 수백만 인구를 거의 다 감당하던 주거 지역이었다. 그러니 세계에서 인구밀도가 가장 높은 지역이라는 말이 실감날 정도로 어마어마한 인파를 만날 수 있다. 주거 지역이니만큼 중화권 하면 떠올리기 마련인 야시장이 특히 발달했다. 이 중 템플 스트리트 야시장과 레이디스 마켓 야시장은 사실상 이어져 있다시피 한데, 그 길이가 3~4킬로미터는 충분히 될 정도라서 그 풍경만으로도 장관을 이룬다.

신계

바운더리 거리 너머 구간인 신계는 우리나라 식으로 말하자면 신도시다. 그런데 홍콩 정부는 신계를 모두 아파트로 덮어 버리지 않았다. 일부 지역에 초고층 아파트를 세우되, 가능하면 신계의 많은 부분을 녹지대로 유지하는 정책을 폈다. 물론 그 대가로 수천만 홍콩 체류민들을 감당해야 하는 작은 아파트들은 빽빽하고 높아졌다.

홍콩의 지하철은 신계 구간에서 지상으로 올라오는데, 이때 홍콩에서 볼 수 있으리라 전혀 생각하지 못한 전원 풍경을 만날 수 있다. 물론 그 시간은 얼마 되지 않지만 드넓은 습지공원, 케이블카로 20여 분을 올라가는 산 위의 공원 같은 풍경은 우리가 생각하는 홍콩과는 영 딴판의 이미지다.

이렇게 신계의 대부분을 녹지대로 유지시킨 덕분에 홍콩의 녹지율은 무려 70퍼센트나 된다(서울은 30퍼센트). 그런데도 우리나라 사람들이 홍콩을 삭막한 콘크리트 숲이라고 생각하는 까닭은 아무래도 쇼핑 명소들을 중심으로 홍콩을 여행하기 때문일 것이다.

어쨌든 도시의 70퍼센트가 녹지대인 홍콩에는 등산 문화가 발달했다. 특히 둘레길과 비슷한 '홍콩 트레일'이라는 하이킹 코스가 있는데, 그 길이가 무려 300킬로미터가 넘는다. 또 홍콩에서 가장 큰 섬인 란터우 섬과 라마 섬은 섬 전체가 하이킹 코스로 이루어져 있다.

홍콩의 날씨도 함께 살펴보면, 홍콩의 기후 조건은 그리 좋지 않다. 특히 5월부터 9월까지 다섯 달이 한여름인데, 밤에도 30도에 이르는 열대야 현상이 나타나고 매달 강수량이 300밀리미터가 넘는 등 습도도 높

위: 녹지대가 섞여 있는 신계
아래: 엄청나게 높고 빽빽한 홍콩의 아파트 숲

아서 불쾌지수가 이루 말할 수 없을 정도로 높게 치솟는다. 그나마 10월 과 11월이 우리나라 늦여름 정도의 날씨로 비교적 쾌적하다. 12월에서 2 월은 홍콩 기준에서는 겨울이다. 타이완과 마찬가지로 우리나라 사람에 게는 봄가을 정도 되는 날씨지만 때로는 대륙에서 몰려오는 한파의 영향 으로 기온이 한자리 수(물론 영상이다)까지 떨어지기도 한다. 문제는 홍콩 은 모든 건물이 기본적으로 더위를 피하기 좋도록 지어져 있기 때문에 난방 시설을 거의 찾아볼 수 없다는 점이다.

오늘날의 홍콩은
어떻게 만들어졌는가 ?

홍콩은 여러 면에서 모순적인 곳이다. 중국이면서도 중국이 아니다. 국 가가 아니면서도 국가가 아닌 것이 아니다. 동양이면서도 동양이 아니다. 홍콩의 이러한 모호한 정체성이 오히려 이 도시를 더욱 매력 있게 만든 다. 이렇게 홍콩의 모습이 모호해진 까닭은 중국에 있으면서도 100년 이 상 영국 영토였던 역사에서 비롯된다. 홍콩은 1997년에야 다시 중국 영 토로 편입되었는데, 이때 중국은 홍콩을 돌려받는 조건으로 최소 50년 간 독립국가와 같은 지위를 보장하겠다고 약속했다.

그렇다면 애초에 홍콩은 왜 영국 영토가 되었을까? 이를 알아보기 위해서는 1800년대로 거슬러 올라가야 한다.

19세기 영국인들이 중국 남부 해안에 나타날 때까지 홍콩은 아직 존재하지 않았다. 오늘날 우리가 홍콩이라고 부르는 곳은 바위로 이루어져 농사가 잘되지 않는 섬들 그리고 주장 강 삼각주에서 멀찍이 떨어진 해적들의 소굴이나 간혹 있던 곳, 집도 제대로 없이 배 위에서 생활하는 가난한 어민들이 옹기종기 모여 사는 곳이었다.

그런데 아편전쟁에서 영국이 승리하면서 홍콩의 역사가 시작되었다. 전쟁에서 승리한 영국은 청나라에게 무역 기지로 사용할 수 있는 섬을 요구했고, 청나라는 홍콩 섬을 영국에게 내주었다. 사실 청나라로서는 별로 아까울 것이 없는 게, 바위로 이루어진 서울의 강남구 정도 넓이밖에 되지 않는 작은 섬 하나를 내주는 것에 불과했기 때문이다. 하지만 이곳에 영국인들이 거점을 마련하고 영국 상인들이 들락거리자 이들을 상대하는 중국 상인들 역시 홍콩 섬 맞은편에 튀어나온 주룽 반도 쪽으로 몰려왔다.

이렇게 홍콩의 교역량이 늘어나자 영국은 자신들의 무역 거점을 넓히기 위해 청나라에게 점점 더 많은 땅을 요구한다. 1860년에는 홍콩 반도와 마주 보고 있던 주룽 반도를 받아 냈고 1898년에는 그 주변의 좀 더 많은 영토를 청나라로부터 조차했다. '조차租借(일종의 식민행위로 조약에 의해 타국으로부터 유상 또는 무상으로 영토를 차용하는 행위)'라는 것은 영국이 이 지역을 99년간 빌린다는 의미였다.

이로써 홍콩의 복잡한 법적 지위가 형성되었다. 홍콩 섬과 주룽 반도는 청나라 정부가 영국에게 내어준 땅으로 정식 영국 영토가 되었다. 1898년에 조차한 주변 구역은 청나라가 영국에게 99년간 빌려준 땅으로 영국이 99년만 사용할 수 있는 땅이다. 당시 영국은 99년은커녕 앞으로 9년 정도면 청나라를 인도처럼 식민지로 만들 수 있으리라 보았다. 설마 99년이 지난 다음에도 중국이라는 나라가 남아서 조차지의 반환을 요구할 것이라고는 전혀 생각하지 않았던 것이다.

이렇게 영국의 관할에 들어간 홍콩은 아시아의 주요 무역항으로 성장했다. 홍콩은 중국의 풍부한 산물이 외부로 나가는 출구인 동시에 외부의 상품이 중국이라는 거대한 시장으로 들어오는 입구였다.

영국은 이 중요한 거점인 홍콩에 상당한 공을 들인다. 주룽 반도와 광저우 사이에 철도를 개설했고 영국식 교육 체계를 도입해 현지의 중국인들을 영국 시민으로 양성함으로써 영구적인 지배가 가능하도록 했다. 이와 같은 홍콩의 영국화는 매우 효과적이었다. 불과 30년 만에 홍콩은 인도, 말레이시아 등 홍콩보다 먼저 영국령이 된 식민지보다 훨씬 더 영국적인 지역이 되었다. 홍콩은 크게 번창해 인구 160만 명이라는 당시로서는 놀라운 규모의 대도시가 되었다.

홍콩은 단지 상품의 출입구 역할만 한 것이 아니었다. 서구 사상과 문물 역시 홍콩을 통해 드나들었다. 쑨원을 비롯한 중국의 선구적인 지식인들이 서양의 과학과 민주주의 사상을 배운 곳도 홍콩이었다. 무엇보다도 이곳에는 청나라 관헌의 감시가 없었기 때문에 마음껏 조직을 만들 수 있었다. 그래서 쑨원이 하와이에서 만든 홍중회의 총회를 홍콩에서 열기도 했다. 홍중회는 중국 근대 최초의 혁명 조직이다.

그렇다고 홍콩이 줄곧 영국 영토이기만 했던 것은 아니다. 일본이 2차 세계대전에 참전하면서 일본군의 침략을 받게 되었다. 마침내 1941년

12월 8일, 일본은 홍콩에 진주하던 영국군과 캐나다군을 격파하고 영국 총독부의 항복과 함께 식민지 지배권을 넘겨받았다. 이로써 4년간의 일제강점기가 시작되었는데, 일본의 홍콩 지배는 가혹했다. 160만 명이던 홍콩 인구가 불과 4년 만에 60만 명으로 줄어들었으니 따로 설명이 필요 없을 정도다.

그런데 1945년 8월 15일 일제가 패망한 뒤에도 홍콩의 앞날은 밝지 않았다. 일단 영국의 지배권은 회복되었지만 국공내전에서 승리한 공산당이 언제든지 홍콩까지 밀고 들어올 수 있는 상황이었다. 영국군의 파견이 늘었고 비상시 오스트레일리아로의 탈출 계획도 수립되었다.

그러나 인민해방군은 홍콩 접경인 선전에서 전진을 멈추었다. 마오쩌둥은 국제사회에서 중화인민공화국이 중화민국을 대신하는 중국의 합법 정부임을 인정받아야 했기 때문에 상임이사국인 영국과의 분쟁을 바라지 않았다. 또 동서냉전의 시대에 필요한 서방세계와 중국공산당의 우회 통로로서 홍콩이라는 완충지대가 필요하기도 했다. 이런 이유로 홍콩은 본토에서 유일하게 공산화되지 않은 중국 영토로 남게 되었다.

그러자 중국 본토에서 공산당의 박해를 피하려는 피난민들이 홍콩으로 몰려들었다. 이 피난민들의 행렬은 공산당이 본토와 홍콩의 국경을 폐쇄한 1951년 6월까지 계속되었는데, 그 숫자가 얼마나 많았는지 홍콩의 인구가 매달 10만 명씩 늘어날 정도였다. 이들 중 대다수는 내전으로 초토화된 본토를 떠나 더 나은 기회를 찾기 위해 맨주먹으로 건너오는 빈민들이었다. 심지어 중국 경찰의 힘이 미치지 못하는 곳을 찾아온 범죄자들도 적지 않았다.

그 결과 일제강점기 때 60만 명까지 줄어들었던 홍콩의 인구는 불과 10년 만에 220만 명으로 늘어났다. 4년 만에 100만 명의 인구 감소, 그리고 다시 5년 만에 160만 명의 인구 증가라는 이 엄청난 변화 속도처럼 홍콩의 성격을 잘 보여 주는 자료가 또 있을까? 이렇게 급격한 인구 증가가 도시 환경에 좋을 리 없었다. 오늘날 우리는 홍콩을 명품 상점이 즐비하고 야경이 멋진, 그래서 '동양의 진주'라 불리는 번화하고 세련된 도시로 알고 있다. 하지만 1950년대의 홍콩은 진주 따위와는 거리가 먼 복잡하고 가난하고 더러운 도시였다. 급격하게 늘어난 인구는 홍콩을 과거와는 다른 곳으로 만들었다.

홍콩은 원래 여러 나라 무역상들이 모여드는 중계무역항이었다. 그러나 1950년 이후 중국이 공산화되었고, 죽의 장막이라 불릴 정도로 외국에 대해 폐쇄적인 정책을 펴자 중계무역항으로서 홍콩의 가치가 크게 떨어졌다. 하지만 홍콩에 새로운 길이 열렸는데, 단 몇 년 만에 160만 명 이상 늘어난 인구가 그 열쇠가 되었다. 이 인구는 중국이 국경을 폐쇄했음에도 밀항 같은 방식으로 계속 늘어났다. 이렇게 노동자들이 계속 유입되는 나라에서는 당연히 임금이 낮아질 수밖에 없다. 저임금 노동력을 활용한 제조업체들이 우후죽순처럼 늘어나면서 홍콩 경제를 끌어올리기 시작했다.

이 제조업체들은 대부분 독자적인 기술을 개발하는 회사가 아니라 반제품이나 원료를 수입한 뒤 여기에 저임금 노동을 대량으로 투입해 완제품으로 만드는 가공무역 공장들이었다. 이들은 주로 유럽이나 미국의 유명 기업들의 제품을 대신 생산한 뒤 주문자의 상표를 붙여 넘겼다. 이

1960년대 복잡하고 지저분한 홍콩 풍경

렇게 홍콩은 중계무역항으로 출발했다가 저렴한 노동력을 활용한 제조업으로 성장했다.

홍콩의 경제가 자리를 잡아가자 과거 세계 경제의 중심 역할을 했던 홍콩의 위상이 다시 살아났다. 세계의 주요 은행들 그리고 주요 대기업들이 아시아 지역을 총괄하는 본부를 홍콩에 세웠다. 이로써 홍콩은 뉴욕, 런던과 더불어 세계 3대 중심 도시의 지위를 누리게 되었다. 해마다 1,500조 원이라는 어마어마한 돈이 홍콩을 경유해 흐른다. 이렇게 돈이 많이 흐르는 곳에서는 당연히 사업도 흥하기 마련이다.

이로써 홍콩은 타이완, 싱가포르, 대한민국과 더불어 이른바 신흥공업국NICS, 아시아의 4룡으로 발돋움했다. 2015년 현재 홍콩은 1인당 국민소득이 4만 2,000달러(물가를 감안한 PPP는 5만 7,000달러)로 독일, 프랑스 등 주요 유럽 선신국들과 비슷한 수준이며 일본보다 높다. 우리나라보다는 1.5배 이상 높다.

영국은 중국보다
홍콩을 민주적으로 통치했을까?

홍콩의 민주화 시위가 한창이던 2014년 가을, 많은 사람들은 중국공산당이 홍콩을 직접 통치하려 들까 봐 걱정했다. 그렇게 되면 민주국가인 영국의 흔적이 사라지고 홍콩의 자유도 사라질 것이라는 불안감도 퍼졌다. 그런데 과연 영국은 홍콩을 민주적으로 통치했고 중국은 홍콩을 억압할 기회를 호시탐탐 노리고 있는 것일까? 전혀 그렇지 않다. 영국은 홍콩을 민주적으로 통치하지 않았다. 인도나 미얀마 같은 다른 식민지와 다를 바 없었다. 특히 1950년대에는 중국인들의 밀물 같은 유입을 막기 위해, 또 갑자기 규모가 커진 도시의 질서를 유지하기 위해 상당히 강압적으로 통치했다. 영국 식민당국과 한족 사이의 갈등은 점점 커졌고 시위와 폭동이 빈번하게 일어났다.

그 정점은 이른바 '1966 폭동'이다. 폭동이라는 명칭은 영국이 붙인 것이며, 홍콩인 입장에서는 봉기 아니면 그저 '1966 사건'으로 부르는 게 타당하다. 이 사건은 식민당국이 홍콩 섬과 주룽 반도를 연결하는 중요한 교통수단인 스타페리(왕복연락선)의 요금을 대폭 인상한 것이 도화선이 되어 일어났다. 시민들은 요금 인상에 반대하는 청원을 식민당국에 제출했다. 그런데 2만여 명의 시민들이 참여한 이 청원을 영국의 홍콩 식민당국은 깡그리 무시했다.

그러자 1966년 4월 4월, 쑤슈중蘇守忠이라는 젊은이가 스타페리 선착장에서 단식 투쟁을 시작했다. 다음 날 또 다른 젊은이 루치盧麒가 합류했다. 경찰은 쑤슈중을 교통법 위반으로 체포했다. 이 소식을 들은 젊은이들이 항의 시위를 시작했다. 시위대는 침사추이와 몽콕 사이를 행진하며 쑤슈중의 석방을 요구했으나, 식민당국은 끝내 2개월의 금고형을 선고했다.

이때부터 시위가 격렬해졌다. 시위 군중들은 소방서와 발전소 같은 공공시설까지 공격했다. 경찰도 폭력으로 응수했다. 최루탄은 기본이며 소총까지 발사했고 끝내 영국 군대까지 출동했다. 영국군은 저녁 7시 이후 통행금지를 선포하고 폭도를 사살하겠다고 경고했다. 그런데도 곳곳에서 소규모 투석전과 시위가 벌어졌고, 669명이 체포되었다.

영국군이 이렇게까지 민감하게 반응한 까닭은 당시 중국 본토에서 문화혁명이 한창이었기 때문이다. 홍위병들은 본토뿐 아니라 홍콩과 마카오에도 있었다. 특히 마카오의 경우 포르투갈이 홍위병들에게 굴복해 식민통치권을 포기하고 마카오를 중국에게 반환하기까지 했다. 당시는 유럽이나 미국의 젊은이들조차 마오쩌둥에게 매료되어 유행처럼 '레드북(어록집)'을 끼고 다니던 시절이었다. 그러니 홍콩의 젊은이들은 더 말할 나위도 없었다. 영국은 홍콩에서 홍위병들이 난동을 부리면서 동시에 광저우의 중국군이 홍콩을 접수할 가능성이 있다고 보고 긴장했다.

1967년 5월에는 노동쟁의가 발생해 노동자와 경찰 간의 유혈충돌이 일어났다. 이 과정에서 스물한 명의 노동자가 체포되었고 노동조합 대표들이 경찰서를 항의방문하자 그들마저 체포되었다. 그러자 왼손에 마오쩌둥 어록집을 들고서 "피에는 피로 응답하라."는 구호를 외치며 수많은 군중이 거리로 쏟아져 나왔다. 경찰은 127명을 체포하고 통행금지를 실시했다. 이를 두고 중국은 파시즘적 폭거라고 영국을 비난했고, 베이징에서는 수천 명의 군중이 영국 대표부(당시 영국은 타이완을 중화민국으로 인정해 타이베이에 대사관을 두었다)를 에워쌌다.

홍콩의 센트럴 지역에 '반영국 홍콩-주룽 투쟁위원회'가 결성되었다. 그들은 영국 제국주의를 몰아내고 홍콩을 원래 주인인 중국에게로 되돌리자고 주장하면서 노동자들을 선동했고 수많은 노동자가 동조파업에 들어갔다. 이 파업으로 홍콩 전역이 마비될 지경에 이르렀다. 홍콩의 분위기는 흉흉했다. 영국이 홍콩에서 손을 떼고 중국군이 홍콩을 접수하러 올 날이 머지않다는 소문이 돌았다.

영국은 홍콩에 긴급조치 명령을 선포했다. 언론의 자유가 제한되고 좌파 신문의 발간이 정지되었다. 좌파 지도자들이 투옥되었고 이 중 상당수가 중국으로 추방당했다. 좌파는 좌파대로 가만히 있지 않았다. 그들은 폭탄 테러로 앙갚음을 했다. 이들이 홍콩 시내 곳곳에 설치한 폭탄이 8,000개가 넘었다. 대부분은 실제로 터지지 않는 가짜였지만 진짜 폭탄도 1,000개가 넘었다. 심지어 이들은 보수파 방송인 한 사람을 생매장해 살해하기까지 했다.

그런데 이 테러와 폭력을 중단시킨 것은 홍콩 식민당국이 아니라 엉뚱하게도 중국 총리 저우언라이였다. 저우언라이는 홍콩의 좌파들을 진정시키는 한편 홍콩이 혼란한 틈을 타 국경을 넘어 홍콩을 점령할 계획을 추진하던 광둥 지역 인민해방군 역시 저지했다. 이렇게 홍콩의 2년간의 혼란은 사망 51명, 중상 800명 이상, 체포 5,000명 이상이라는 상처를 남기고 진정되었다. 지금 중국을 향해 민주화를 외치는 홍콩 젊은이들은 영국이 홍콩을 통치하던 시절이 민주적이었던 것으로 착각하는 경우가 많은데, 전혀 그렇지 않았던 것이다.

어쨌든 이런 폭동과 소요 사태 덕분에 홍콩이 민주화되었다. 영국은 홍콩의 급격히 늘어난 인구를 다만 값싼 노동력으로 간주해서는 안 된다는 값비싼 교훈을 얻었다. 그리고 홍콩인을 강압적으로 다스릴 수 없다는 결론을 내렸다. 이때부터 영국은 홍콩 주민들을 위한 각종 복지

정책, 그중에서도 주거 정책에 많은 예산을 투입했고 부패한 공무원들을 퇴출시켰다. 영국 본국에 비해 2등 국민 취급을 받던 홍콩인의 처지도 바뀌었다. 오히려 각종 주거와 복지 정책은 영국 본국 국민들이 부러워할 정도가 되었다. 우리가 알고 있는 동양의 진주 홍콩은 이때 만들어진 것이다. 그 동력은 영국 통치자의 자비심이 아니라 홍콩 시민들의 투쟁이었다.

홍콩은 지금도
짝퉁의 천국일까?

한때 홍콩은 짝퉁(모조품)의 천국이었다. 가짜 시계와 가방을 비롯해 온갖 가짜가 야시장에 그득했다. 관광객이 두리번거리기만 하면 어김없이 누군가 다가와서 가짜 명품을 사라고 유혹했다. 세계 곳곳에서 이른바 보따리장수들이 몰려들었다. 홍콩에서 진짜 같은 가짜들을 사서 자기 나라에서 진짜로 속여 팔아 치우면 폭리를 얻을 수 있었기 때문이다.

홍콩이 이렇게 짝퉁 천국 노릇을 했던 까닭은 홍콩에서 진품도 많이 생산했기 때문이다. 1970년대의 홍콩은 세계의 거의 모든 명품이 만들어지는 공장이나 다름없었다. 이는 홍콩의 풍부한 노동력 덕분이었다. 당시 홍콩은 공산당 통치를 피해 중국을 탈출한 이민자들이 계속 몰려들고 있었기에 노동력의 보고나 다름없었다. 게다가 홍콩은 바다의 요충지에 있는 항구도시다. 세계의 유명 기업들은 원료나 반제품을 홍콩으로 가져와 저렴한 노동력을 이용해 완제품으로 만든 뒤 바로 배에 실어 세계 전역으로 보냈다. 이렇게 홍콩에 세계 유명 브랜드 공장들이 들어서다 보니 유명 브랜드를 흉내 내 만들 수 있는 기술자도 많아졌다. 이들이 모조품을 만들어서 검은돈을 챙겼던 것이다.

하지만 1990년대 들어서면서 사정이 달라졌다. 중국의 개방 때문이다. 저렴한 노동력을 활용하는 공장들은 대부분 선전을 비롯한 중국 도시로 옮겨 갔다. 홍콩은 더 이상 제조업이 아니라 금융, 서비스업 지역으로 바뀌어야 했다. 그래서 1990년대는 홍콩 시민들에게 불안과 공포의 시대였다. 제조업에 종사하던 사람들이 하루아침에 금융, 서비스 산업에 적응할 수 없기에 불안감이 커졌다. 더욱이 1997년이 되면 국적이 영국에서 중국으로 바뀌는 엄청난 변화가 기다리고 있었기에 더욱 두려웠던 것이다.

사실 신계를 제외한 홍콩 섬과 주룽 지역, 즉 홍콩의 중심지는 영국이 빌린 땅이 아니라 정식으로 받은 땅이라서 중국에 반환할 필요가 없다. 하지만 주거지, 발전소 등 각종 도시 기반 시설들이 신계에 집중되어 있었기 때문에 영국은 주룽, 홍콩 섬을 포함한 홍콩 전체를 중국에 반환하기로 합의해야 했다. 하지만 영국은 홍콩이 즉시 중국공산당의 통치 아래 들어가는 것이 아니라 향후 50년 동안 독자적인 법과 자치권을 유지하는 사실상 독립국가와 같은 지위를 보장해야 한다는 조건을 걸었다. 이는 홍콩 시민의 자유가 아니라 그동안 홍콩에 투자한 영국의 자산과 자본을 보호하기 위해서였다.

어쨌든 그 결과 중국은 일국양제의 원칙에 따라 홍콩을 중국법이 통하지 않는 자치구역으로 설정했다. 중국에서 홍콩에 대한 새로운 법을 제정하더라도 홍콩 입법원의 동의가 없으면 적용되지 않는다. 홍콩 입법원 의원 역시 중국공산당과 무관하게 홍콩 영주권자들의 선거로 선출한다. 홍콩의 통치권자인 행정장관 역시 중국에서 파견하는 것이 아니라 홍콩 입법원에서 선출하도록 했다. 중국과는 별도로 운영되는 작은 의원내각제 국가가 세워진 셈이다. 중국 정부는 이 체제를 적어도 2047년까지는 유지하기로 약속했다. 중국이 이런 일국양제의 원칙을 감수하는 까닭 역시 홍콩 시민들의 자유를 존중해서가 아니라 홍콩의 경제적 가치 때문이다.

홍콩의 국내총생산은 중국 전체의 3퍼센트에 불과하지만 그 가치는 수치로 환산할 수 없다. 홍공은 외국자본과 기업의 투자 통로이자 보증수표 역할을 하기 때문이다. 공산당 일당독재가 이루어지는 나라에 쉽사리 거액을 투자할 기업은 많지 않다. 그런데 중국공산당이 마음만 먹으면 언제든 흡수·합병할 수 있는 한 줌도 안 되는 홍콩의 독립과 자유를 보장해 주고 있다는 사실은 중국공산당이 과거와 달라졌다는 의미 있는 신호 역할을 한다. 또 홍콩은 중국법이 적용되지 않기 때문에 민간 기업의 설립과 운영이 자유로운 한편, 어쨌든 중국에 속하기 때문에 홍콩에 설립된 기업은 중국 기업으로 간주되어 다른 외국 기업보다 더 많은 혜택을 누릴 수 있다.

이런 여러 가지 이점 때문에 외국 기업들은 홍콩에는 본사, 투자 회사, 은행, 그리고 유통 회사를 두고 선전 같은 가까운 중국 도시에는 홍콩 기업의 자격으로 공장을 세우는 방식으로 중국에 투자했다. 그 결과 홍콩에 가까운 선전 같은 도시들은 가히 세계의 공장이라 불릴 정도의 공업도시가 되었다. 그리고 당연한 일이지만 '짝퉁 천국'이라는 홍콩의 오명 역시 선전이 가지고 갔다. 현재 짝퉁의 메카는 선전이다.

그런데 이제 홍콩이 짝퉁 천국이 아니라면, 명품 천국일까? 실제로 명품을 구입하기 위해 홍콩을 찾는 사람들이 꽤 많다. 홍콩은 도시 전체가 면세 구역이기 때문이다. 더구나 홍콩은 관세뿐 아니라 소비세도 없다. 우리나라는 상품 가격의 10퍼센트만큼의 소비세가 부과되며(타이완 5퍼센트, 싱가포르 7퍼센트, 일본 8퍼센트, 중국 17퍼센트), 사치품의 경우에는 특별소비세가 추가된다. 스웨덴 같은 복지국가는 소비세가 상품가격의 25퍼센트나 부과된다. 홍콩에서도 2006년에 소비세를 5퍼센트 부과하려 했으나 시민들의 거센 반발 때문에 철회했다(이런 점을 보면 확실히 중국이 아니다).

그러니 홍콩의 일반적인 쇼핑몰에서도 웬만한 나라의 면세점보다 더 저렴한 가격에 명품을 구입할 수 있다. 특히 소비세 세율이 높은 유럽인들, 그리고 멀리 갈 것도 없이 중국인들에게 홍콩은 도시 전체가 매우 매력적인 쇼핑몰인 셈이다. 실제로 2000년대 이후 홍콩은 쇼핑을 위해 메뚜기 떼처럼 몰려온 중국인들로 매우 혼잡해졌다.

그런데 홍콩은 연간 외국인 관광객 수가 2,400만 명이며, 중국인을 제외하더라도 1,000만 명에 이를 정도로 많은 외국인들이 찾는 관광도시다. 이렇게 많은 사람들이 단지 쇼핑만을 위해 홍콩을 찾는 것은 아닐 것이다. 쇼핑몰을 전혀 방문하지 않으면서 홍콩을 즐겁게 여행하는 사람들도 많다. 그들은 대체 무엇을 즐기는 것일까?

홍콩은 동양과 서양의 경계, 동남아시아와 중화권의 경계에 위치한 도시다. 그래서 이 도시를 조금만 다녀도 마치 인종 전시장이라도 보는 듯 전 세계 사람들을 만날 수 있다. 또 홍콩은 국제 비즈니스 도시이기 때문에 관광객뿐 아니라 거주민들 역시 다국적이다. 이렇게 다양한 민족, 다양한 문화가 좁은 공간에서 함께 어울려 하나의 용광로를 이룬 것이 바로 홍콩의 문화다. 한자가 빽빽하게 적힌 간판 사이를 달리는 영국식 2층 버스, 심심치 않게 만날 수 있는 터번을 쓴 인도 출신 노동자, 중국 관광객, 필리핀 가정부, 영국이나 네덜란드에서 온 사업가, 금융인들. 이런 다양한 사람들을 보고 만나는 것만으로도 홍콩은 마치 문화의 롤러코스터를 타는 것 같은 즐거움을 선사한다. 온 세계의 다양한 요리를 한자리에서 맛볼 수 있는 것은 덤이다. 만약 이태원의 이국적인 복합 문화에 매력을 느끼는 사람이라면 노시 선체가 이대원이리고 할 수 있는 홍콩에서 충분히 즐거움을 느낄 수 있을 것이다.

홍콩 영화와 홍콩은
전혀 다르다?

홍콩은 다채로운 역사와 이야기를 담은 도시다. 그래서 수많은 영화, 애니메이션, 드라마의 소재가 되었다. 특히 1980년대와 1990년대는 홍콩이 아시아 영화를 선도한 시대였다. 그러다 보니 우리에게 알려진 홍콩의 모습도 주로 영화 속 배경을 통해서다. 하지만 영화나 애니메이션, 드라마에 묘사된 홍콩은 홍콩의 실제 모습과는 많이 다르다. 다음과 같은 것들이 영화를 통해 잘못 알려진 홍콩의 이미지다.

홍콩은 유흥과 환락의 도시다

우리나라에는 홍콩이 유흥과 환락이 매우 발달한 도시일 것이라는 선입견이 널리 퍼져 있다. 심지어 극단적인 유흥이나 환락을 '홍콩 간다.'라는 말로 표현할 정도다. 침사추이나 몽콕의 밤거리 사진을 보면 정말 흥청망청하는 환락의 도시라는 생각이 들 수밖에 없다.

하지만 실제 홍콩에서 이 번쩍거리는 네온 불빛 아래를 걸어 보면 깜짝 놀랄 만한 사실을 발견한다. 환락가를 연상시키는 화려한 불빛이 무색하게 유흥업소를 찾기가 매우 어렵다는 것이다. 서울에서는 그야말로 한 집 건너 하나씩 술집을 찾을 수 있지만 이 번쩍이는 도시에선 술집 하나 찾기가 쉽지 않다. 대부분의 가게는 음식점이거나 옷가게다. 우리나라처럼 음식점에서 술을 파는 경우도 많지 않다.

물론 이 거리들이 유흥가인 것은 분명하다. 다만 홍콩 사람들에게 유흥이란 맛있는 음식을 먹고 차를 마시며 이야기를 나누고 쇼핑하는 것일 뿐이다. 우리가 생각하는 '유흥'처럼 술에 잔뜩 취해서 질펀하게 노는 것이 아니다. 그나마도 밤 10시가 지나면 거의 파장 분위기로, 밤새도록 흥청망청하는 경우는 거의 없다.

홍콩에서 배로 한 시간 거리인 마카오가 차라리 유흥의 도시라는

칩사추이의 밤거리

이미지에 더 어울린다. 실제로 마카오는 각종 유흥과 도박 산업으로 엄청난 돈을 벌고 있으며, 1인당 국민소득이 홍콩보다도 높다. 그래서 한때 홍콩에도 카지노 같은 대규모 유흥 시설을 건설하자는 계획이 입안된 적이 있었으나 부결되었다. 홍콩은 금융과 비즈니스의 도시이지 결코 유흥가가 아니라는 자존심이 돈의 유혹을 이긴 셈이다.

그러니 앞으로 '홍콩 간다.'라는 말은 유흥과 환락이 절정에 달했을 때가 아니라 비즈니스가 한창일 때 쓰는 편이 나을 것이다.

홍콩 사람들은 영어를 잘한다

홍콩 영화에 나오는 등장인물들은 하나같이 영어를 유창하게 구사한다. 이름도 재키, 매기, 제시카 등등 영어식 이름이다. 그래서 우리나라 사람들은 흔히 홍콩이 영어권이며 홍콩 사람들은 으레 영어를 모국어처럼 구사할 거라 생각한다.

하지만 이건 반은 맞고 반은 틀린 생각이다. 1997년 이전부터 홍콩에 거주한 주민들, 특히 대졸 이상의 고학력자들은 실제로 영어가 모국어나 다름없다. 150년 동안 영어가 관공서의 공식어로 사용되었고 대학교에서는 아예 모든 수업이 영어로 이루어질 정도였기 때문이다. 영어식 이름 역시 애칭이 아니라 실제 이름이다.

하지만 홍콩이 중국에 반환된 1997년 이후 돈을 벌기 위해 많은 중국인들이 홍콩으로 몰려왔다. 이들은 주로 광둥 성 사람들이라 영어는 물론 중국어도 잘하지 못하며, 오직 광둥어만 할 줄 안다. 그래서 홍공에서 택시기사나 식당 종업원 등이 유창하게 영어로 응대하는 모습은 찾기 어렵다. 간단히 말해 대졸 이상의 학력을 지녔고 3대 이상 홍콩에서 거주한 사람이라면 영어를 잘할 것이고, 거주한 역사가 3대 미만이고 학력이 고졸 이하일 경우는 영어를 잘하지 못한다.

홍콩 인구 700만 명 중 3대 이상 홍콩에서 거주하고 있는 사람들은 220만 명에 불과하다. 그런데 홍콩은 1년에 3,000만 명의 유동 인구가 북적이는 도시다. 그러니 홍콩에서 마주치는 사람들 중 잘해야 열 명 중 한 명 정도가 영화에서 자주 보는 영어 잘하고 영어식 이름을 가진 홍콩 사람이며, 나머지는 중국에서 일자리를 찾거나 학교를 다니거나 쇼핑을 위해 들어온 사람들이다.

홍콩은 범죄의 도시다

1980년부터 1990년대까지 우리나라에서 인기를 끈 홍콩 영화들 중 상당수가 '홍콩 느와르'라 부르던 범죄 영화였다. 그래서인지 우리나라 사람들은 홍콩을 방문할 일이 있을 때 범죄 때문에 걱정하는 경우가 많다. 그럴 수밖에 없는 것이 영화 속의 홍콩은 온갖 국제 범죄단이 득실거리고 심지어 도심에서 수십 명의 폭력배들이 기관총을 쏘아 대며 총격전을 벌이는 곳이기 때문이다.

하지만 현실은 정반대다. 홍콩은 인구 10만 명당 강력범죄(살인, 강도, 강간) 발생 건수가 0.2건에 불과한 대단히 안전한 나라다. 참고로 우리가 치안강국으로 알고 있는 일본은 1.1건이며, 우리나라는 2.2건이다. 그러

1898년과 1989년의 구룡성채

니까 홍콩의 강력범죄 발생 확률은 우리나라의 10분의 1에 불과하다.

이렇게 치안이 잘되어 있는 나라인 홍콩을 범죄의 온상처럼 각인시킨 원인은 홍콩 느와르뿐 아니라 악마의 소굴이라고까지 불렸던 '구룡성채' 때문이다.

이곳이 범죄의 마굴이 되어 버린 까닭은 영국이 통치하던 시절 유독 이 구역만이 중국 영토로 되어 있었기 때문이다. 그러니 영국 정부 소속인 홍콩 경찰은 이곳에서 공권력을 행사할 수 없었다. 그렇다고 중국 경찰이 홍콩 안에 섬처럼 있는 이 구역을 구태여 관리하지도 않았다. 홍콩 경찰과 중국 경찰이 모두 손을 놓아 버린 그야말로 치외법권 지역이었던 것이다. 결국 홍콩, 중국 두 나라 범죄자들이 모두 이곳으로 몰려들어 세계 최악의 범죄 소굴 구룡성채를 만들었다. 그러나 1993년 홍콩 정부는 중국의 양해 아래 이 악명 높은 마굴을 완전히 철거해 버렸다. 현재 그 자리에는 수풀이 울창하고 고요한 공원이 들어서 있다.

홍콩은 언제까지
자유로운 도시로 남아 있을까?

지금까지 홍콩의 이모저모를 살펴보았다. 홍콩은 세계의 그 어느 도시보다 다채롭고 활기찬 도시이며 뉴욕과 어깨를 견줄 만한 위상을 가진 국제도시다. 1인당 국민소득도 과거 종주국이던 영국과 맞먹고 있다.

하지만 이러한 번영에도 불구하고 홍콩의 미래는 여전히 불안하다. 홍콩은 2047년까지는 중국과 별개의 화폐와 법률, 통치체제를 갖춘 독립성을 보장받고 있다. 하지만 2047년에도 중국이 지금 같은 공산당 일당독재 국가라면 홍콩 시민들이 누려 온 자유는 사라지고 말 것이다. 중국이 2047년까지 기다리지 않을 수도 있다. 중국의 경제가 충분히 성장해 홍콩이라는 외국자본 통로의 중요성이 줄어들고 상하이가 홍콩을 대신할 수 있는 금융 중심지가 되면 중국은 홍콩에 대한 특별대우를 거둬들일 가능성이 크다.

실제로 중국은 2003년에 이미 그런 시도를 했다. 홍콩 기본법에 중국 본토 수준의 억압과 통제가 가능한 23조를 넣으려 한 것이다. 이 23조는 "모든 국가 반역, 국가 분열, 반란 선동, 중앙인민정부 전복 및 국가 기밀 절취 행위를 금지하고 외국의 정치적 조직이나 단체의 홍콩특별행정구에서의 정치 활동 진행을 금지하며 홍콩특별행정구의 정치적 조직이나 단체와 외국의 정치적 조직이나 단체와의 연계 건립을 금지해야 한다."는 내용을 담고 있다. 이에 따르면 집회결사의 자유가 제한되고, 반국가 행위라고 판단될 경우 영장 없이 체포와 수색이 허용되며, 언론을 검열하는 등 중국공산당 독재 치하와 별로 다를 바 없는 억압적 통치가 홍콩에서도 가능해지게 된다.

이러한 중국의 시도에 분노한 홍콩 시민 50만 명이 거리로 쏟아져나와 대규모 시위를 벌였다. 결국 시민들의 압력에 굴복해 홍콩 정부는 기본법 23조를 취소하고 행정장관이 사퇴했다. 하지만 중국은 23조를 완전히 삭제하지 않고 다만 연기했을 뿐이다. 중국은 기회가 된다면 언제든지 홍콩을 중국 본토의 한 도시로 만들 생각을 버리지 않고 있다. 홍콩 시민과 중국 정부의 갈등은 2014년 가을 내내 세계 주요 외신을 노랗게 물들였던 '우산 혁명', 그리고 우리나라의 5.18 광주민주항쟁을 연상시키는 2019년의 대규모 민주화 운동으로 폭발했다.

홍콩의 미래를 불안하게 만드는 또 다른 요인은 경제다. 홍콩의 경제성장은 순조로운 편이지만 극심해지는 빈부 격차와 나날이 치솟는 물가가 문제다. 홍콩의 빈부 격차는 세계 최고 수준이다. 1997년 이후 홍콩의 국민소득은 거의 두 배 가까이 늘어났지만 그 열매는 상류층에게 돌아갔을 뿐 하위 10퍼센트의 경우는 도리어 소득이 22퍼센트나 감소했다. 그 결과 빈부 격차를 보여 주는 지니계수가 2011년에 이미 0.537을 넘어섰고 이 수치는 갈수록 악화되고 있다. 게다가 물가도 살인적으로 치솟았다. 특히 홍콩 도심의 아파트 1평이 1억 원을 넘어갈 정도로 부동산 가격이 치솟아서 중산층조차 임대료 부담에 허덕일 정도다. 그 결과 홍콩은 세계적인 부호들도 많지만 화려한 쇼핑몰 뒤에 아프리카 난민 수준의 열악한 조건에서 살아야 하는 빈민도 넘쳐나는 도시가 되었다.

이와 같이 홍콩은 만만치 않은 도전 과제들을 앞두고 있지만 수많은 나라, 민족이 어울려 살아가는 국제도시의 위상과 경험, 그리고 그동안 누적된 금융과 산업의 비결과 인적 자본은 홍콩이 가진 크나큰 자산이다. 결국 중국 공산당이 이 자산의 가치와 일당독재를 위협하는 민주화의 물결 중 어느 쪽을 더 무겁게 보느냐에 따라 홍콩의 위상이 결정될 가능성이 크다. 심지어 민주주의를 요구하는 홍콩 시민의 운동은 홍콩을 중국으로부터 분리독립하자는 요구로 발전하고 있다. 홍콩의 미래는 어떻게 될까? 중국에 완전 흡수될까? 분리독립할까? 그 어느 길을 가더라도 지금까지보다 훨씬 고달픈 미래가 될 가능성이 크다.

마카오는
홍콩에 포함된 지역인가?

홍콩 여행을 가면 마치 약방의 감초처럼 끼어드는 코스가 바로 마카오다. 홍콩에서 배로 한 시간 정도면 가는 데다 주하이 대교가 완공되는 2017년이면 자동차로 40분 이내에 도달할 수 있으니 흔히 홍콩의 한 부분으로 착각하기도 한다. 그럴 수밖에 없는 것이 마카오에는 엄연히 파타카라는 독자적인 화폐가 있음에도 홍콩 달러가 아무 문제 없이 잘 통용된다. 심지어 마카오의 즐비한 카지노에서도 파타카를 받지 않고 홍콩 달러만 받는다. 하지만 마카오 역시 홍콩과 마찬가지로 중국의 영토이나 일국양제를 적용해 별도의 법률로 통치되는 특별행정구역으로서 자치권을 누리는 엄연한 별도의 나라다.

사실 마카오는 나라라기에는 너무 작은 곳으로 면적이 30제곱킬로미터밖에 안 된다. 서울은커녕 서울의 구 한 개밖에 안 되는 넓이다. 그나마도 마카오 반도, 타이파 섬, 콜로안 섬을 연결하고 사이를 매립해서 나온 면적인데, 이 좁은 땅에 64만 명 정도가 살고 있다.

마카오는 '동양의 라스베이거스'라 불릴 정도로 카지노 도시라는 이미지가 강하다. 물론 마카오의 주 수입원은 카지노다. 인구 64만 명의 도시에 해마다 1,900만 명이라는 엄청난 외국 관광객이 찾아오는데, 이들 중 대부분이 카지노에서 도박을 하기 위해 오는 사람들이다. 특히 중국과 인접해 있기 때문에 금요일마다 중국에서 어마어마한 인파가 일확천금을 노리고 마카오로 몰려들어 문자 그대로 '사람바다'를 보여 준다. 물론 그들의 운명은 일확천금과는 거리가 멀다. 두 집 건너 한 집씩 자리 잡은 수없이 많은 전당포가 이를 잘 보여 주고 있다. 마카오의 도박 산업이 얼마나 거대한가 하면 마카오 GDP의 94퍼센트가 카지노에서 발생하며, 정부 세수입의 80퍼센트를 카지노에서 거둬들인다. 카지노 산업이 한창 잘되던 2000년대 초반에는 카지노에서 창출하는 고용 덕분에 실업률이 1.7퍼센트로 완전고용에 가까웠고, 1인당 국민소득이 거의 9만 달러에 육박할 정도로 부유한 도시로 군림했다.

하지만 카지노에 지나치게 의존하는 경제의 부작용도 만만치 않다. 우선 젊은이들이 공부를 안 한다. 웬만하면 카지노에서 무슨 일이든 할 자리가 나고 그러면 웬만한 선진국 중산층 수준의 소득이 보장되니 공부할 까닭이 없는 것이다. 또 카지노 고객이 주로 중국인들이라 중국의 상황에 따라 민감하게 경제가 출렁인다. 2015년 들어 중국 경기가 침체국면으로 들어서자 마카오의 GDP가 무려 25퍼센트나 줄어드는 식이다.

그런데 도박에 관심 없는 사람들에게도 마카오는 충분히 매력 있는 여행지다. 400년간 포르투갈의 지배를 받았던 만큼 100년간 영국 식민지였던 홍콩보다 오래된 건물과 유적이 훨씬 많다. 특히 세나두 광장을 중심으로 하는 마카오의 도심 지대는 리스본을 연상시킬 정도로 포르투갈풍의 건물과 풍경이 많다. 그래서 이 지역은 유네스코 세계문화유산으로 지정되어 있기도 하다. 마카오를 잘 뒤져 보면 이 좁고 번잡한 도시에서 뜻밖에도 중세풍 거리를 한적하게 걸을 수 있는 곳들이 제법 나온다. 또 마카오는 서양 요리와 중화 요리가 적절히 융합된 다양한 요리 문화가 발달해 있다. 음식은 홍콩보다 마카오가 오히려 한 수 위라는 말이 있을 정도다.

참고로 마카오의 원래 이름은 광둥 지방의 입구라는 의미를 가진 아오먼澳門이며, 지금도 한자로는 이렇게 쓰고 현지인들도 이렇게 부른다. 마카오는 포르투갈인들이 광둥, 푸젠 사람들이 숭배하던 바다의 여신 마쭈媽祖를 모시는 도교 사당을 가리키는 말을 지역 이름으로 착각하고 붙인 이름이다.

홍콩에서
조심해야 할 것들

● 한자

거꾸로 말하면 한자(중국식 간체가 아니라 정체)만 잘 알면 별 곤란함 없이 홍콩을 돌아다 닐 수 있다. 모든 간판과 안내문에 영어와 한자가 병기되어 있기 때문이다. 그래서 중 국 관광객들이 꽤나 낭패를 겪기도 한다. 영어도 못하고 중국어로 말해 봐야 못 알아 듣고 글자를 보려고 해도 교육을 많이 받은 중국인이 아니면 읽지 못하는 정체로 되 어 있으니 말이다.

특히 홍콩의 여러 지명은 침사추이, 야우마테이, 완차이처럼 광둥어를 소리 나는 대로 영어로 표기하기도 하고 영어로 먼저 지명이 생긴 다음 그 단어에 해당하는 광 둥어 단어로 한자를 표기하기도 한다. 예를 들면 Central中環, Admiralty金鐘, Time Square時代廣場 등이 그렇다. 홍콩 사람들 중 교육 수준이 낮은 직종(택시 기사, 식당 직원 등)에 종사하는 사람들은 영어를 의외로 잘 못하고(중국어도 못함) 그렇다고 우리가 광 둥어를 배우기도 어렵기 때문에 한자를 적절히 활용하면 의사소통에 도움이 된다.

● 식사 예절

홍콩을 비롯한 광둥 지방은 예로부터 식량이 넘쳐 나는 곳이었다. 그래서 이들은 식 사할 때 그릇까지 싹싹 비우면 식사 대접한 사람에게 음식 양이 적다고 항의하는 것 처럼 받아들인다. 아깝더라도 싹싹 비우지 말고 적당히 남기자. 그러다 배고프면 어 떻게 하느냐고? 그런 걱정은 할 필요가 없다. 남기지 않을 수 없을 정도로 양이 많은 편이기 때문이다.

● 화장실

홍콩을 여행할 때 가장 불편한 점이 바로 화장실이다. 공중화장실이 적기로 악명 높은 과거 종주국 영국의 영향 때문인지는 몰라도 홍콩엔 공중화장실이 많지 않다. 같은 중화권이라도 일본의 영향을 받은 타이완에는 공중화장실이 매우 많은 것과 대비된다. 특히 홍콩을 거미줄처럼 연결하고 있는 수많은 지하철역에 화장실이 전혀 없다는 것은 무척 당황스럽다. 그러니 홍콩을 여행할 때는 화장실에 갈 수 있을 때 반드시 가야 한다. 대부분의 음식점과 쇼핑몰에는 화장실이 있다. 식사하거나 쇼핑할 때 화장실도 함께 해결해야 한다. 잠깐 미루었다 난감한 상황에 처할 수도 있다.

● 마스크

홍콩과 같이 좁은 구역에 많은 사람들이 밀집해서 살아가고 상주인구의 두 배가 넘는 외국인이 들락날락하는 나라에서 가장 두려워하는 것이 무엇일까? 바로 전염병이다. 홍콩은 급성중증호흡기 질환SARS, 홍콩 독감 등의 유행성 호흡기 질환 때문에 많은 사망자를 낸 전력이 있다. 그래서 홍콩 사람들은 기침이나 재채기처럼 호흡기 질환 증상에 대단히 민감하다. 그러니 감기에 걸리거나 해서 기침이나 재채기가 심하다 싶으면 마스크를 써야 한다. 안 그러면 대중의 싸늘한 눈초리를 맞을 수 있다.

● 물 조심

홍콩의 지하철에서는 아무것도 먹거나 마시면 안 된다. 심지어 물도 마시면 안 된다. 만약 그러다 걸리면 우리 돈으로 수십만 원 상당의 과태료를 물어야 한다. 이건 홍콩뿐 아니라 타이완, 싱가포르 등에서도 적용되는 규칙이다. 중국 관광객들이 홍콩 지하철에서 도시락을 마구 까먹어서 물의를 일으킨 적이 있는데, 우리나라 역시 지하철에서 음식을 먹어도 되는 문화권에 속하기 때문에 이 점을 특히 조심해야 한다. 음식이야 그렇다 치지만 설마 물이야 괜찮겠지 하다가는 과태료 폭탄을 맞을 수 있다.

사진 출처

- 18쪽 아래 https://commons.wikimedia.org/wiki/File:Pacific_Ring_of_Fire.png
- 33쪽 https://commons.wikimedia.org/wiki/File:Tokugawa_Ieyasu2.JPG
- 39쪽 위 https://commons.wikimedia.org/wiki/File:The_Japanese_imperial_family,
  _1900.jpg
  아래 https://commons.wikimedia.org/wiki/File:Teenager_Meiji_Emperor_with_
  foreign_representatives_1868_1870.jpg
- 72쪽 https://commons.wikimedia.org/wiki/File:Sun_Yat_Sen%27s_Young_Time2.png
- 75쪽 https://commons.wikimedia.org/wiki/File:WuchangUprising.jpg
- 80쪽 https://commons.wikimedia.org/wiki/File:Sun_yatse_mausoleum.jpg
- 83쪽 https://commons.wikimedia.org/wiki/File:Mao_Zedong_Portr%C3%A4t_am_
  Eingang_zur_Verbotenen_Stadt.jpg
- 89쪽 https://commons.wikimedia.org/wiki/File:Maozedongxuanji.JPG
- 90쪽 https://commons.wikimedia.org/wiki/File:Red_Guards.jpg
- 92쪽 https://commons.wikimedia.org/wiki/File:Propaganda_slogan_removed_-_
  Wuhan_University.JPG
- 95쪽 https://commons.wikimedia.org/wiki/File:Trip_to_Ningxia_and_Gansu.jpg
- 98쪽 https://commons.wikimedia.org/wiki/File:Carter_DengXiaoping.jpg
- 106쪽 https://commons.wikimedia.org/wiki/File:Nanking_bodies_1937.jpg
- 135쪽 https://commons.wikimedia.org/wiki/File:Zheng_Chenggong.JPG
- 146쪽 https://commons.wikimedia.org/wiki/File:228_Incident_h.jpg
- 161쪽 https://ko.wikipedia.org/wiki/2%C2%B728_%EC%82%AC%EA%B1%B4#/
  media/File:228museum_taipei01.jpg
- 187쪽 위 https://commons.wikimedia.org/wiki/Image:View_of_Hong_Kong_Island_
  and_Kowloon_from_Tai_Mo_Shan_Road.JPG?uselang=ko
  아래 https://commons.wikimedia.org/wiki/File:Wanchai.JPG
- 193쪽 위 https://commons.wikimedia.org/wiki/File:Begging_in_Hong_Kong.jpg
  아래 https://commons.wikimedia.org/wiki/File:Hongkong-020_hg.jpg
- 207쪽 위 https://commons.wikimedia.org/wiki/File:Kowloon-Walled-City-1898.jpg
  아래 https://commons.wikimedia.org/wiki/File:Aerial_view_of_Kowloon_Walled_
  City_in_Hong_Kong_on_1989-03-27.jpg